ゼロから始める卓球入門

卓球ビギナーズバイブル

Table Tennis Beginner's Bible

まとめ：**卓球王国**

目次 COTENTS

はじめに ……………………………………………………………… 4

LESSON 1 卓球の基礎知識 …………………………………… 7

卓球の歴史／卓球に必要な用具／シェークラケット／ペンラケット／
ラバー／用具の準備／ルール／戦型／回転の仕組み

LESSON 2 基本テクニック ………………………………… 33

ボール遊び／基本姿勢／基本用語／フォアハンド／
バックハンド／バックショート／フォアツッツキ／
バックツッツキ／対上回転フォアドライブ／
対下回転フォアドライブ／フォアスマッシュ／角度打ち／
対上回転バックドライブ／対下回転バックドライブ／
サービスの基本／下回転サービス／横回転サービス／
長短のコントロール／様々なサービス／レシーブの基本

LESSON 3 応用テクニック ………………………………… 87

様々な応用テクニック／左右のフットワーク／
前後のフットワーク／飛びつき／ストップ／フリック／
チキータ／ブロック／ロビング／切り替え／ツッツキ→ドライブ／
対下→対上ドライブ／水谷のワザ／3球目攻撃

LESSON 4 カット＆粒高テクニック ……………………… 117

カットマンとは／フォアカット／バックカット／
カットの切り替え／カットマンのツッツキ／
ツッツキ＆カットの前後フットワーク／粒高ラバーとは／
ペンのバックブロック／ペンのバックプッシュ／
ペンのフォアブロック＆プッシュ／シェークのブロック＆プッシュ

- 編集スーパーバイザー／渡辺友
- 表紙カバー＆本文デザイン／永丘邦弘
- 撮影／江藤義典
- 撮影協力／タクティブ
- モデル／川瀬俊也 (Lesson2〜3)
- イラスト／(株) WADE 関和之
- カバーモデル／水谷隼

LESSON 5 基本の練習法 ……… 147

基本用語／ワンコースで基本練習／コースの打ち分け／フットワーク練習／両ハンドで打とう／ランダムに挑戦／多球練習とは／サービス練習／レシーブ練習／3球目を強化しよう／"脱・初級者"メニュー／ゲーム練習／練習スケジュール／練習ノートをつけよう／トレーニングをしよう

LESSON 6 戦術 ……… 177

戦術とは／戦術の基本はコース／相手の弱点を探る

LESSON 7 ダブルス ……… 183

ダブルスの動き方／ダブルス練習

LESSON 8 大会に出よう ……… 191

様々な大会／試合の流れ／大会に向けた準備

- 卓球"未経験"顧問へのアドバイス！ ……… 200
- あとがき ……… 204
- オススメ書籍＆DVD ……… 205

※オススメDVDがある技術にはページ内に右のアイコンがあります

【裏面打法】がもっとわかる
オススメDVD >> p.207

はじめに

今、卓球が

世界の舞台で日本の若手が大活躍！
卓球ブームが到来中！

　卓球は、今最も熱いスポーツと言っても良いでしょう。2016年のリオオリンピックで3つのメダルを獲得したことで注目され、2017年の世界選手権でも日本選手が大活躍。連日のようにテレビなどで卓球の話題が取り上げられました。

　男子の水谷隼選手、女子の福原愛選手、石川佳純選手などのスター選手に加えて、若手の活躍が目覚ましいのが今の日本の卓球界。史上最年少の全日本女王で、世界選手権でも48年ぶりとなるシングルスでのメダル獲得を果たした平野美宇選手。リオ五輪の女子団体で銅メダルを獲得した伊藤美誠選手。その伊藤選手とダブルスを組んで世界選手権で銅メダルを獲得した早田ひな選手の高校生トリオは、若い選手に人気です。

　さらに男子では、世界選手権で史上最年少、13歳でのベスト8入りを果たした張本智和選手がおり、世界中から注目を集めています。

　このような国内のトップ選手の活躍もあって、卓球の人気も上昇中。街の卓球場に遊びに来る人、趣味として卓球を始める人、習い事や部活動で卓球を選ぶ子どもたちもどんどん増えています。

　全国には次々と卓球スクールがオープン。最近では若者の街・渋谷（東京）に、レストランやスクール、ショップが合体した、オシャレな複合型卓球スペースが登場するなど、卓球のイメージも少しずつ変わってきています。

　今まさに、日本には"卓球ブーム"の波が押し寄せてきているのです。

　本書はこれから卓球を始める人に向けて、基本的な知識をレクチャーすると同時に、卓球を楽しむためのアドバイスを詰め込んだ一冊です。

　さあ、ラケットを握って、ボールを打ち合いましょう！

　すばらしき卓球の世界へようこそ！

（2017年7月）

アツい！

若い選手が活躍中！平成28年度全日本女王の平野選手（左）と世界選手権でブレイクした張本選手

都市部を中心に卓球スクールが増えている

卓球台のあるオシャレなレストラン（渋谷）

はじめに

●イラスト・略称表記について

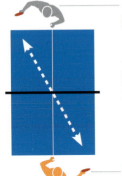
グレーの人＝
練習の相手

台の上の矢印＝
打球のコース
（ボールの動き）

オレンジ or
グリーンの人
練習する人（自分）

体の右側に
赤いラケット＝
フォアハンド
での打球

体の正面に
黒いラケット＝
バックハンド
での打球

技術説明では、ラケットの向きについてのいくつかの表現が出てきます。

●ラケットの向き＝打球面の向き＝ラケット角度

 ●下に向いた状態

●前に向いた状態

 ●上に向いた状態

- ●下に向ける
- ●寝かせる
- ●伏せる
- ●ボールの上をとらえる

- ●前に向ける
- ●立たせる
- ●垂直にする
- ●ボールの後ろをとらえる

- ●上に向ける
- ●ボールの下をとらえる

F＝フォア
FH＝フォアハンド
FD＝フォアドライブ

B＝バック
BH＝バックハンド
BD＝バックドライブ

SV＝サービス
RV＝レシーブ
FW＝フットワーク

※本書の解説および図は、右利きを想定して説明しています。
　左利きの場合は、左右を逆にしてお考えください。

LESSON 1

[Basic Knowledge]
卓球の基礎知識

馴染みがあるようで、意外と知らない点も多いのが"卓球"。歴史から用具、ルール、大会など、卓球についてひととおりの基礎知識をまとめて紹介する。

LESSON 1 ▶ 卓球の基礎知識

卓球の歴史

● 1880年代にイギリスで誕生

卓球が誕生したのは1880年代のイギリス。当時の上流階級のテニス愛好家が、雨の日に屋内でもテニスができないかということで、シャンパンのコルクを丸めたものをボールにして、食堂のテーブルでプレーしたのが起源と言われている。

1902年頃には「ピンポン」として世界的に大ブームになり、そこから徐々にスポーツとしての「卓球」へ発展していった。

→1890年代に発売されたピンポンセット。ラケットは、「バトルドア」と呼ばれる中空の皮張りで、柄（え）も長め

雨の日のテニス代わり!?

ブドウ棚の下でピンポンを楽しむ貴婦人たち

● 卓球が日本に伝わったのは1902年

日本への伝来は1902年。東京高等師範学校（筑波大の前身）教授・坪井玄道が、留学先のロンドンから普及目的でピンポンセットを持ち帰ったのがきっかけだ（これは一説で、その2〜3年前に岡山県の三友寺というお寺に伝わったのが最初という説もある）。

[Basic Knowledge]

● 1950〜60年代は日本の黄金期

昔、日本はかなり強く、1950〜60年代は日本が世界の舞台で大活躍した黄金期。日本が初参加となった1952年のボンベイで行われた世界選手権（※卓球の世界一を決める大会）で、いきなり7種目中4種目を制覇し、その後も世界を席巻。日本国内では卓球ブームが巻き起こった。

ちなみに日本からは計13名（男子7名、女子6名）のシングルス世界チャンピオンが誕生している。

卓球史に残る伝説の男・荻村伊智朗

日本の黄金期に最も輝いた選手が、荻村伊智朗（故人）。2度世界チャンピオンに輝き、計12個の金メダルを獲得。引退後は、国際卓球連盟会長として卓球界に様々な功績を残した。同世代の人ならば卓球をしていない人でも必ず知っている、日本卓球界最大の国民的スターである。

● ロンドン＆リオ五輪で計4個のメダル獲得

100年を超える歴史を誇る卓球だが、五輪の正式種目になったのは1988年ソウル五輪から。当時は日本の低迷期で、長らくメダル獲得はならなかったが、2012年のロンドン五輪の女子団体で初メダル。さらに2016年リオ五輪では、男子団体、女子団体、そして男子シングルス（左写真の水谷隼）で3つのメダルを獲得し、大きな注目を浴びた。

なぜ中国が強いの？

世界でも圧倒的な力を見せている中国。強さの理由のひとつは、国家レベルで強化体制が組まれているという点。中国で卓球は「国球」と呼ばれ、国技として注目されているスポーツ。幼少期からの育成システムが確立され、練習環境の質やスタッフの数など様々な面で他国を上回っており、常に世界の上位を独占する存在になっている。

LESSON 1 ▶卓球の基礎知識

卓球に必要な用具

●想像以上に奥深い、卓球の用具

卓球をプレーするのに必要な用具は、数あるスポーツの中でも比較的少ないほう。最低限、ラケットと運動しやすい服装があればOKだ。

一方で、「卓球ほど用具の影響が大きいスポーツはない」とも言われる。特にラバーは種類が多く、プレーに与える影響が非常に大きいのだ。

まずは、卓球に必要な用具一式をチェックしてみよう。

●ラケットとラバーは別々で

競技用の卓球ラケットは、本体となる木材の部分（ラケットまたはブレード）と、打球する面に貼るゴムの部分（ラバー）に分けられ、別々に販売されている。購入する時は、ラケットとラバーのそれぞれを選んで、貼り合わせて完成となるのだ。

ラケットとラバーには種類がたくさんあり、ビギナーはどれを選べば良いのかわからない。最初は指導者や先輩にアドバイスしてもらったり、卓球専門店やスポーツショップに行き、実際にラケットを握りながら、店員と相談して選ぶと良いだろう。

[Basic Knowledge]

●ユニフォームとシューズ

練習では動きやすい格好なら何でもOKだが、公式の大会で着るユニフォームは、日本卓球協会の公認ワッペン（左下写真）がついたものでなければならない。公認ユニフォームは、専門店で購入可能だ。ただ、地域の大会では、公認ユニフォームでなくても許可される場合もある。

またシューズは、卓球の動きに合わせた「卓球用シューズ」があり、用意するに越したことはないが、お財布が厳しい場合は学校で使う体育館シューズでもOK（これで試合にも出場可）。卓球用シューズはすべりにくく、クッション性が高いので、ケガの予防の面でも、技術レベルがアップしたら購入を検討しよう。

公認を示すワッペン

公認ゲームシャツ

卓球シューズは高性能なものだと1万円を超えるものもある

●ボールは公認球（3スター）と練習球

卓球のボールは、大きく分けて公認球と練習球の2種類がある。

公式大会で使える公認球は、通称「スリースター」と言って、3つ星（★★★）が描かれている高品質なボール。価格は1球300円前後と高価だ。

練習球は、品質は若干落ちるが1球100円前後と安く、基本的には数十球単位で販売されている。

公認球　　練習球

「ラバー貼り」はホビー向け

最初からラバーが貼ってある状態で売られている『ラバー貼りラケット』もあるが、これはホビー用として安く売られているもの。部活動などできっちりと練習する人には、ラケットとラバーを別々で購入する競技用を選んだほうが、将来的にも良い。

LESSON 1 ▶ 卓球の基礎知識

シェークラケット

表側（フォア面）

親指を軽く添える
表面の親指と裏面の人差し指で、ラケットを軽く挟（はさ）むが、力を強く入れずに添えるくらいで OK

3本指は"ななめ"に
3本指はグリップ（柄）に対して少しななめくらいに。力強く握るのではなく、リラックスして指をそえるイメージだ

●ラリーが得意な「シェーク」

ラケットには、「シェークハンド」（通称：シェーク）と「ペンホルダー」（通称：ペン）という2つのタイプがある。最初のラケット選びでは、シェークかペンかを決める必要があるが、実際に握って打ってみて、しっくり来るほうを選ぼう。

シェークラケットは、握手するようにして握るタイプ。フォア面とバック面の両方にラバーを貼ってプレーをする（両面は赤と黒の異色にする必要がある）。

シェークラケットは、フォアもバックも同じような技術がやりやすく、どちらの面でも強い攻撃ができる。そしてラリーに強いというのが特長だ。

[Basic Knowledge]

握手するように握る

裏側(バック面)

縁にかかるくらい

人差し指の先が、ラケットの縁にかかるくらいが一般的

フォア重視　オススメ　バック重視

ラケットを上から見た時、ラケットが親指と人差し指の中間に来るのが基本

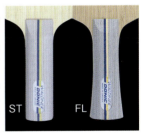

ST　　　FL

シェークラケットは、同じ商品でもグリップ(柄)形状の違いがある。握りやすいものを選ぼう。まっすぐの形状の「ストレート(ST)」と、先端が少し広がっている「フレア(FL)」が代表的なグリップ形状だ

LESSON 1 ▶ 卓球の基礎知識

ペンラケット

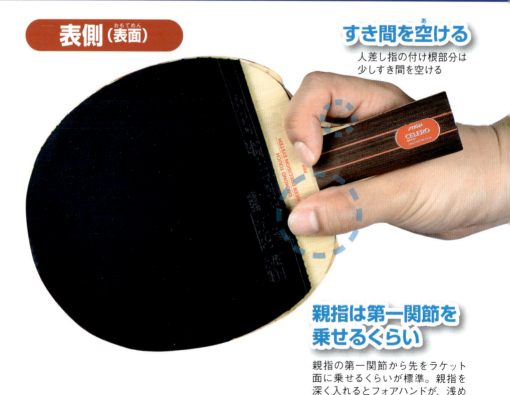

表側(表面)

すき間を空ける
人差し指の付け根部分は少しすき間を空ける

親指は第一関節を乗せるくらい
親指の第一関節から先をラケット面に乗せるくらいが標準。親指を深く入れるとフォアハンドが、浅めにするとバックショート(右ページ下参照)がやりやすくなる

●小技とフォア強打が強力な「ペン」

ペンを持つようにして握る「ペンホルダー」ラケット。表面と裏面の両面でプレーするタイプと、片面(表面)のみにラバーを貼るタイプに分かれる。

ペンラケットは、台上の小技がやりやすく、フォアの強打がパワフルというのが特長だ。両面にラバーを貼っている場合、ほぼシェークと同じプレーができる。

ラケット選びは、プレースタイル(戦型／p.24参照)にも関わるので、迷う人はインターネットの動画などで勉強しておくのも良いだろう。途中から別のラケットに転向することも可能なので、握った時の自分の好みで決めてOKだ。

[Basic Knowledge]

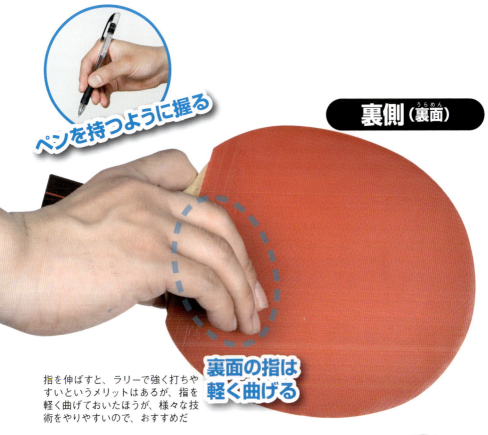

ペンを持つように握る

裏側（裏面）

裏面の指は軽く曲げる

指を伸ばすと、ラリーで強く打ちやすいというメリットはあるが、指を軽く曲げておいたほうが、様々な技術をやりやすいので、おすすめだ

表面バックハンド

親指を立てる

片面のみにラバーを貼るタイプは、バックハンドも表面で打球する（「バックショート」と言う／p.46参照）。両面にラバーを貼っていても、バックショートを使う場合もある。その際、写真のように親指を立てるとやりやすい

日本式

中国式

コルクの突起に人差し指をかけて握る

ペンラケットは、グリップ部分にコルクがついている「日本式」と、シェークのグリップを短くしたような形の「中国式」の2タイプがある。握った時の感覚が異なるので、実際に持ってみて選ぼう

15

LESSON 1 ▶ 基本テクニック

様々な種類がある**ラバー**

● 「裏ソフトラバー」から始めよう

ラケット以上に様々な種類があるのがラバー。代表的なものとして、表面が平らな「裏ソフト」、表面に粒が並ぶ「表ソフト」、表ソフトよりも粒が細くて長いタイプの「粒高」の3つのタイプがある。

性能面としては、ボールへの回転のかけやすさが大きく異なり、裏ソフトが最も強い回転がかかり、表ソフト、粒高の順に回転がかけにくくなる。また、回転がかけにくいものほど、変化のあるクセ球が出しやすい。

初級者のラバー選びとしては裏ソフトが基本で、表ソフトや粒高は裏ソフトにはない球質を出すための変則的ラバーという位置づけだ。

裏ソフト
強い回転がかかる王道タイプ

表面が平らで、最も回転がかかり、スピードも出る。幅広いプレーができる、現代卓球で主流のラバー

表ソフト
スピード重視のプレーにオススメ

表面に粒が並ぶラバーで、裏ソフトほど回転はかからないが、タイミングの早さやスピードで勝負する選手向き

粒高
いやらしい球で相手を惑わす!

表ソフトの粒が細長いタイプ。弾みは控えめだが、打球時に粒が倒れることで、独特の変化をもたらす

大 ← 回転のかけやすさ → 小

[Basic Knowledge]

●スポンジには「厚さ」の種類がある

ラバーは、ボールが直接当たる「トップシート」（下写真の赤い部分）と、その下にある「スポンジ」からできている。

スポンジには厚さの種類が複数あり、厚いほど打球時の弾みが増し、重くなる。

上級者は、威力を出すために「特厚」スポンジを選ぶことが多い。しかし初心者の場合、弾みが控えめなぶんコントロールしやすく、また重量も軽い「中」（または「厚」）から始めるのが良いだろう。

スポンジの「厚さ」の種類（例）

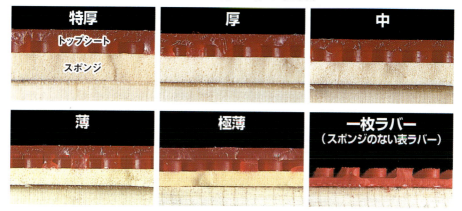

※商品によっては、厚さの種類が上記とは異なる　※写真は一枚ラバー（右下）以外は裏ソフトラバー

なぜ「裏ソフト」が主流なのか

現在、ラバーの中で主流となっているのは「裏ソフト」だ。それは、裏ソフトが一番回転がかかるからだ。

卓球というスポーツのもっとも特徴的な要素が"回転"。たとえば、攻撃の軸となる「ドライブ」打法（p.24・56参照）では上回転（トップスピン）をかけるし、レシーブでは相手のサービスの回転を見極めないと、相手コートに返すことすらできない。

この重要な回転を覚えるためにも、初心者には裏ソフトがオススメなのだ。初心者は、弾みを抑えてコントロールしやすいラバー、特にスポンジが軟らかめのラバーからスタートすると良い。このようなラバーは、ボールがよく食い込むので、回転をかける感覚をマスターしやすい。

LESSON 1 ▶ 卓球の基礎知識

用具の準備

●ラバーとラケットの貼り合わせ方

ラケット本体とラバーは別売りなので、それを貼り合わせる必要がある。ラケットやラバーを買った時に、卓球専門店で貼ってくれる場合もあるが、自分でも貼ることができるよう、やり方を覚えておこう。慣れれば難しくはない。

一度貼ったラバーは、ラバーが傷んで貼り替える時まで貼りっぱなしでOKだ。

卓球ラバー専用の接着剤と、その接着剤に適した専用スポンジを用意。木工用ボンドなど、卓球ラバー用以外の接着剤を使うのは厳禁だ

ラケットの打球面に、接着剤を適量出し、専用のスポンジで全体に均一に伸ばす。何度もこすると接着剤が固まってしまうので注意

同様に、ラバーのスポンジ面（打球面の裏側）に接着剤を適量出し均一に伸ばす。両面にラバーを貼る場合、ラケット両面とラバー2枚、計4回塗る

完全に乾くまで待つ（約10分間）。そしてラバーをラケットに手前から貼っていく。空気が中に入らないよう、また強く引っ張らないように貼る

ラバーを押しつけてしっかり貼りつけてから、ラケットからはみ出したラバーをハサミで切り落とす

完成！

→ラケットケースに入れて持ち運ぼう

[Basic Knowledge]

●ラケット&ラバーのメンテナンス

用具のメンテナンスも重要だ。

ラバーは消耗品で、練習量によるが数カ月で貼り替える必要がある。しかし練習後に表面の汚れを取ることで寿命を延ばせる。保護フィルムを貼り、ラケットケースに入れて保管すればバッチリだ。

また、ラケットのグリップ（柄）はルール上、加工してもOK。ペンラケットは握りやすいように削ると良いだろう。

卓球ラバー用のクリーニングフォームで、ラバー表面の汚れを取り除ける

裏ソフトラバー表面に専用の保護フィルムを貼ることで、傷みを防げる

新品のペンラケットは、親指と人差し指が当たる部分が角張っており、そのまま握ると痛いので、ヤスリなどで削る。「少しずつ削っては握り」を繰り返そう

●卓球台の準備は必ず2人で！

卓球台を倉庫から出して設置する作業は、必ず1台につき2人で行うこと。台はかなりの重量があるので、転倒すると重大な事故につながる。実際、過去に死亡事故の例もあるのだ。決してあわてず、慎重に行おう。

また、ネットの設置もていねいに行おう。ネットの高さはルールで15.25cmと決まっている。"たるみ"がないようにしっかりと張ろう。

台出しは2人で、慎重に！

サポート（支柱）は根元までしっかり台につける

ネットがたるまずピンと張るように

LESSON 1 ▶ 卓球の基礎知識

ルール

●返球の基本

卓球のルールは、スポーツの中でも複雑なほうではない。「日本卓球ルール」で細かく定められているが、ここでは基本的で重要なポイントを紹介しよう。

卓球は、相手の打球が自分のコートに1回バウンドした後に打ち返し、相手のコートにバウンドさせたら返球成功となる。これをお互いに繰り返し、どちらかがミスをしたら、相手に1点が入る。

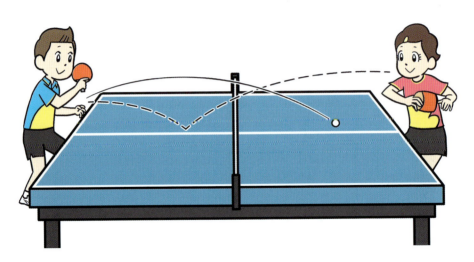

ルールのクイズ こんなケースはOK？ミス？

① ネットに当たってから相手のコートに返球
② ラケットではなく手に当たって返球
③ 相手のコートの縁に当たった
④ 打つ時に片方の手が台に触った
⑤ ネットの外側から返球
⑥ 天井に当たってから相手のコートに入った

※正解は右ページ右下

[Basic Knowledge]

●試合の方式

基本的な試合方式は、1ゲーム11点制。つまり先に11点を取った選手がゲームを取る。そして3ゲームを先取したほうが、その試合の勝者となる（5ゲームズマッチ）。大会によっては、4ゲーム先取制の7ゲームズマッチもある。

サービスは2本交代。ゲームごとにエンド（＝コート。どちら側でプレーするか）を交代し、最終ゲームはどちらかが5点に達した時に再度チェンジする。

10－10になった場合（通称：ジュース）は、サービスが1本交代となり、2点差がつくまで試合が続く。

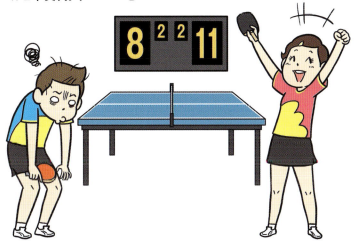

一般的な試合の流れ
※大会によって多少異なります

ラケット交換
相手とラケットを見せ合う（相手の使用用具をチェック）

➡ **サービスジャンケン**
相手とジャンケンをして、最初のサービス権、もしくはコート（第1ゲームでどちら側でプレーするか）を決める

➡ **試合前の練習ラリー**
対戦相手と数本ラリーを行う

➡ **試合開始～終了**

➡ **握手**　しっかりと挨拶(あいさつ)して終了

●クイズの答え●

① OK／ネットインとして正規のリターン（返球）となる。ただしサービスではノーカウントでやり直し。
② OK／手首から先ならばOK。
③ OK／エッジボールと言う。台の側面「サイド」に当たるのはミス。
④ ミス／フリーハンド（ラケットを持っていないほうの手首から先）が触(ふ)れたらアウト。
⑤ OK／ネットの上を越えなくても返球として認められる。
⑥ ミス／壁や天井に当たった時点でミスとなる。

LESSON 1 ▶ 卓球の基礎知識

ルール

●サービス……自分&相手のコートにバウンド

ラリーの1球目となるのが「サービス」だ。サービスでは、まず広げた手の平の上にボールを置いて構えてから、ボールを真上にトス。16cm以上トスする必要があるが、これは目安としてネットの高さ（15.25cm）より高ければOKだ。

そしてボールが落ちてくるところを打球し、自分のコートと相手のコートにバウンドさせれば成功だ。

構えから打球まで、ボールの位置は、台の表面より上、そしてエンドライン（卓球台の手前の線）より後方である必要がある。

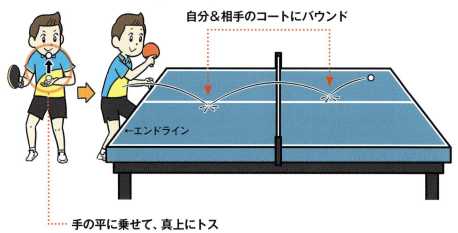

手の平に乗せて、真上にトス
※指の上に乗せたり、手が丸まってしまうのはNG

●サービスではボールを相手にはっきり見せる

トス直後から打つ瞬間まで、相手（レシーバー）にボールをはっきり見せる必要がある。体や衣服などでボールを隠すのはダメ。

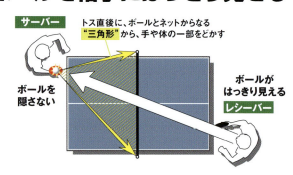

[Basic Knowledge]

●ダブルス……パートナーが交互に打球

2対2で戦う「ダブルス」(p.184参照)。打球はパートナーと交互に打ち、同じ選手が2回連続で打球したらミスとなる。

サービスに限り、自分のコートの右半面から対角線方向、相手のコートの右半面(相手から見て)に出す必要がある。

11点制・サービス2本交代は、シングルスと同じだ。

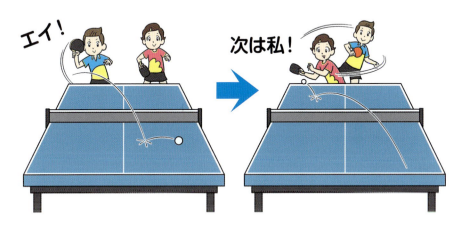

サービスの交代時は、それまでレシーブをしていた選手(右図X)がサービスとなり、サービスを出していなかった選手(B)が次のレシーブとなる。ゲームが終わるごとに打球順序が代わる(下記/最終ゲームでどちらかが5点に達した時も同様)。

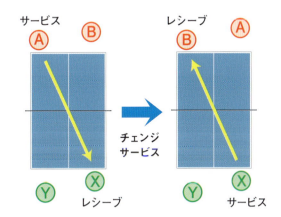

サービスの順番の例

第1ゲーム／Aからサービスで、A→X→B→Y→……の順で打球
第2ゲーム／XかYがサービス(X→A→Y→B→……／Y→B→X→A→……)
第3・5ゲームは第1ゲーム、第4ゲームは第2ゲームと同じ順番で
※ペアのどちらが最初にサービスを出すかはサービス側が決め、それに応じてレシーブ側が決定

LESSON 1 ▶ 卓球の基礎知識

戦型=プレースタイル

●どの技術をメインに戦うか=戦型

　卓球は、他のスポーツに比べて用具の種類が多く、そして用具と技術は深く関わっている。どのような用具を使い、どのテクニックをメインにして戦うかという「プレースタイル」は、選手によって大きく異なり、それらは「戦型（せんけい／せんがた）」と呼ばれる。

　戦型は、「ドライブ型」や「カット型」など、いくつかのカテゴリー分けがされている。

●スピンで攻める〈ドライブ型〉

　両面とも裏ソフトラバーを貼り（ペンラケットの場合、片面のみの場合もある）、強く上回転（トップスピン）をかける「ドライブ」打法を軸に戦うスタイルが「ドライブ型」。

　現在、最も主流な"王道"とも言える攻撃的スタイルだ。特に男子のトップクラスは、シェークドライブ型が多い。フォアハンド、バックハンドともに、ドライブ攻撃ができるのが強みだ。

シェークドライブ型

←↓ドライブ攻撃をメインの武器にしながら、ブロック（p.104参照）、ロビング（p.106参照）などの守備も織り交ぜる多彩なプレーを見せる水谷隼選手

[Basic Knowledge]

ペンドライブ型

ペンラケットのドライブ型は、片面のみにラバーを貼って、フォアもバックも片面のみでプレーするタイプと、両面にラバーを貼ってシェークと同じようにプレーするタイプに分けられる。

⬆ フォアハンドと同じ面で、バックハンドも打球する吉田海偉選手

➡ バックハンドは裏面で打球する許昕選手（中国）。この打ち方を「裏面打法」と呼ぶ

戦型はいつどうやって決めるか

初心者は、戦型をどうやって決めれば良いのだろうか？ 最初から「カットマンになりたい！」という明確な希望があるなら、いきなりそれを目指すのもいいが、どの戦型でも基礎技術は共通する。まずはシェークかペンかだけ決めて、基礎技術を習得しながら、自分に適した戦型、自分がなりたい戦型を探していけばいいだろう。

具体的に戦型を決める時期は、人それぞれだが、卓球を始めて数カ月から、遅くとも半年くらいで決めたいところだ。

LESSON 1 ▶ 卓球の基礎知識
戦型とは

●ピッチの速さで勝負する〈前陣速攻型〉

　台の近く（前陣）で、早いタイミングで打球するタイプで、ドライブの回転量より、ピッチ（テンポ）の速さやスピードで勝負するのが前陣速攻型。

　一般に、表ソフトを使う選手のことを前陣速攻型と呼んでいる。表ソフトは、相手の回転の影響を受けにくく、スマッシュのように回転をかけずに叩く打法に向くため、まさに前陣速攻向きなラバーなのだ。

　シェーク前陣速攻型は、フォア面に裏ソフト、バック面に表ソフトを貼るのが主流。ペン前陣速攻型は、フォア面（表面）が表ソフト、バック面（裏面）にはラバーを貼る場合と貼らない場合がある。

シェーク前陣速攻型

↑ リオ五輪の団体戦でダブルスを組んだ福原愛選手（右）と伊藤美誠選手は、2人ともバック面が表ソフトの速攻型

ペン前陣速攻型

↑ ペン前陣速攻型（表面が表ソフト、裏面が裏ソフト）のワン・ツォンイー選手（ポーランド）

表ソフトはビギナーに不向き？

　p.16で「初心者には裏ソフトがオススメ」と書いたが、表ソフトを使うのがダメというわけではない。最初からボールを擦る『ドライブ』よりも叩く『スマッシュ』のほうが得意という人は、表ソフトを早い段階から使うのもアリ。指導者が「表ソフトが向く」と助言してくれたら、当然使えばいい。

　ただ、「どの技術が得意」とか「どの戦型になりたい」ということが定まらない段階なら、裏ソフトを使うのが一番だろう。

[Basic Knowledge]

●華麗な守備&攻撃〈カット型〉

　台から離れて、上から下へスイングする「カット」打法（p.118参照）で、下回転（バックスピン）をかけて返球する、守備的なスタイルがカット型。カット型選手のことを「カットマン」とも呼ぶ。

　ラケットは、カット用の弾みを抑えたシェークを使用。ラバーはフォア面は裏ソフト、バック面は粒高（または表ソフト）を貼る選手が多い。

↑ フォアドライブで攻撃する村松雄斗選手。カットマンもすきあらば攻撃をしかける

➡ 鉄壁の守備力で、相手の攻撃を何本でも返球する佐藤瞳選手

●変幻自在のプレー〈ペン粒高攻守型〉

　シェークの守備型が「カット型」なら、ペンの守備型が「ペン粒高攻守型」。

　ペンラケットに粒高と裏ソフト（または表ソフト）を貼り、ラケットを反転してプレーする守備的スタイル。サービスは裏ソフトで出し、ラリー中は粒高ブロック（p.138参照）を軸にプレーする。

　粒高は相手の上回転（ドライブ）に対し、下回転にして返球できる性質がある。この変化ブロックで相手のミスを誘ったり、甘いボールに対しては裏ソフト面で反撃する。用具の特性を最大限に生かしたスタイルだ。

↑ 周昕彤選手（中国）は粒高ブロックの守備とともに、表ソフトでの攻撃も巧み

LESSON 1 ▶ 卓球の基礎知識

回転の仕組み 上回転と下回転

上回転

進行方向に対して、右図のような方向で回転しているボールが「上回転」。「前進回転」「トップスピン」とも言う。台でバウンドした時に前に進もうとする性質がある。

※真横から見た図

下回転

上回転とは逆方向の回転が「下回転」。「後進回転」「バックスピン」とも言う。バウンド時に、進行方向と逆側に戻ろうとする力が働く。

[Basic Knowledge]

● "回転"により跳ね返る方向が変わる

卓球は、"回転"の要素が非常に大きいスポーツだ。トップ選手の「ドライブ」（上回転の攻撃球）は、最大で10,000回転／分にも達する。これはジェット機のエンジンと同じくらいだ。

回転の影響というと、弾道が曲がることを思い浮かべるだろう。それも重要な点だが、卓球ではそれ以上に、回転のかかったボールがラケットに当たると「跳ね返る方向が変わる」という点が大きい。

そこで、どんな回転があるのか、そしてどの方向に跳ねるのか、見ていこう。

上に跳ねる
上回転のボールを普通に打つと……

相手の上回転のボールが自分のラケットに当たると、ラバーの摩擦力により、上方向へ跳ね上がる。

ちなみに、上回転（ドライブ）の弾道は、空気抵抗の影響で、下に沈むような曲線を描く。

下回転のボールを普通に打つと……
落ちる！

相手の下回転のボールが自分のラケットに当たると、下方向に跳ねて落ちる。そのため、下回転のボールを返球するには、ラケット面の角度を上に向けたり、上方向にスイングする必要がある。

ちなみに、下回転のボールには浮かび上がるような力が働く。しかし、実際には重力の影響のほうが大きいため、ゆるやかに下に沈む曲線の弾道となる。

LESSON 1 ▶ 卓球の基礎知識

回転の仕組み 左右の横回転

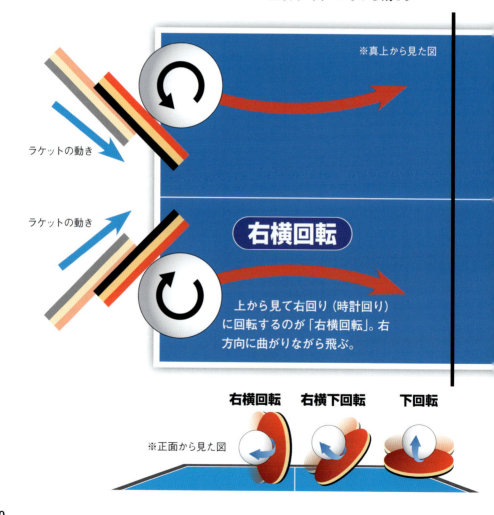

左横回転

上から見て左回り（半時計回り）に回転するのが「左横回転」。空気抵抗により、左方向に曲がりながら飛ぶ。

ラケットの動き

※真上から見た図

右横回転

上から見て右回り（時計回り）に回転するのが「右横回転」。右方向に曲がりながら飛ぶ。

ラケットの動き

右横回転　右横下回転　下回転

※正面から見た図

[Basic Knowledge]

●「横回転」を理解できれば、脱・ビギナー！

　前々ページで説明した「上回転」「下回転」は縦方向の回転だが、横方向の回転もある。「右横回転」「左横回転」だ。

　上下の回転は、ラケットに当たった時に上下に跳ねる性質があるのと同様、横回転は左右に跳ねる。下図の説明を見ただけでは「難しそう」と感じるかもしれないが、実際に回転のかかったボールを受けてみて、感覚的に覚えていけばOK。横回転を理解できれば、脱・初心者だ。

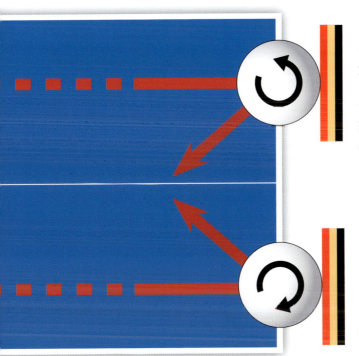

　左横回転のボールがラケットに当たると、左方向に跳ね返る。
　そのため、正面に返球するためには、ラケット面を少し右に向ける必要がある。

　右横回転のボールがラケットに当たると、右方向に跳ね返る。
　そのため、正面に返球するためには、ラケット面を少し左に向ける必要がある。

　左図のように、上下（縦）回転と横回転の中間的な「ななめ回転」もある。ボールの横下を打球すれば、横下回転となる。回転の方向は、ボールが当たる瞬間のラケットの動きを見ることで判断できる。

LESSON 1 ▶ 卓球の基礎知識

練習の前後はストレッチを！

運動の前には、ウォーミングアップとしてしっかりと「ストレッチ」をしよう。

ストレッチとは、体の筋肉を良好な状態に保つために、その筋肉を伸ばすこと。

練習前や試合前のストレッチは、自分の体を柔軟にし、関節可動域を広げたり、筋肉を温めたりすることが目的だ。

そして意外と重要なのが練習後・試合後。運動後のストレッチは、収縮し硬くなった筋肉を元の状態に戻すのが目的。ケガや故障の予防だけでなく、疲れをためない効果があり、非常に重要だ。

一見、技術とは関係なく思えるストレッチ。しかし習慣をつけておくことで、長い目で見るとパフォーマンス・アップにつながるのだ。

● ストレッチの例

←床に座り、両脚を可能な範囲で大きく開き、背中〜腰はまっすぐにして、体を前に倒す

←体の後ろ、腰の高さで両手を組む。両手は腰から離すようにして下方向に引っ張り、胸は斜め上へ大きく伸ばす

→腰をひねり、クロスした脚のももを反対側の手で支える。顔はひねった側と反対方向に向け、もう片方の手は横に伸ばす。両肩が浮かないよう

※写真は『卓球王国』本誌記事より抜粋

LESSON 2

[Basic Technique]
基本テクニック

様々な技術があるのが卓球というスポーツ。まずは試合ができるようになるために、最低限覚えておきたい基本のテクニックを学んでいこう。

LESSON 2 ▶ 基本テクニック

ボール遊び

●まずは、ラケットとボールに慣れる練習を！

実際に卓球台で練習する前に、まずはラケットとボールに慣れるための、遊び感覚の練習をしてみよう。

卓球の上達には、ボールを自分の思いどおりに飛ばす、「ボールコントロール能力」が非常に大切であり、それを高めるためにボール遊びは効果的な練習だ。

A ボールつき

サッカーのリフティングのように、ボールを真上に飛ばして、連続で打ち続ける「ボールつき」。フォア面（表面）で打ったり、バック面（裏面）で打ったり、高く飛ばしたり、回転をかけたりなど、いろいろなやり方にチャレンジしてみよう。

何回続くかな？

バック面でも！

目標
20回！
フォア面で20回、バック面で20回を目標にやってみよう。さらにフォア面・バック面の交互20回にもチャレンジ！
※ペンで片面だけの選手も、裏側の木の面で練習してOK

[Basic Technique]

B ノーバウンドボールキャッチ

真上に投げて落ちてくるボールをラケットでキャッチ。ラケットの上でバウンドさせずに、スムーズにボールを止めることができたら合格。この練習で、ボールの勢いを吸収する感覚を磨くことができる。

ノーバウンドでキャッチできる？
ピタッ！

C 高速カベ打ち

カベに向かって連続してボールを打ち続ける練習（右写真）。最初はゆっくり、高めのボールでも良いので10回を目標に行い、慣れてきたら早いテンポでの"高速"カベ打ちに挑戦する。他にもいろいろなカベ打ちがあるので、楽しみながらやってみよう。

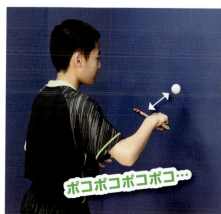

ポコポコポコポコ…

台と壁を使った練習。工夫すればひとりでも様々な練習が可能だ

ボール遊びの時に注意したいのが、正しいグリップ（握り方）で行うこと。打っているうちに握り方が変わってしまうことがあるので（右上写真）、確認しながら行おう。

LESSON 2　▶基本テクニック

基本姿勢

●リラックス&前傾(ぜんけい)姿勢がポイント

上手にラリーを続けるためには、プレー中の立ち方、「基本姿勢」が大切だ。正しい基本姿勢を身につけることで、より強い打球が可能になったり、より速く大きいフットワーク（足の動き）が可能になるのだ。

下記のチェックポイントを確認して、基本姿勢を覚えよう。

基本は**前傾姿勢**
※前傾姿勢＝
上半身を前方向に倒す姿勢

腕は**リラックス**
&ラケットは
高めに構える

ひざを軽く**曲げる**

スタンスは
肩幅より**やや広め**
※スタンス＝
両足の開き具合

平行足
もしくは
やや左足前
※右ページ参照

[Basic Technique]

●台との距離（前後の立ち位置）

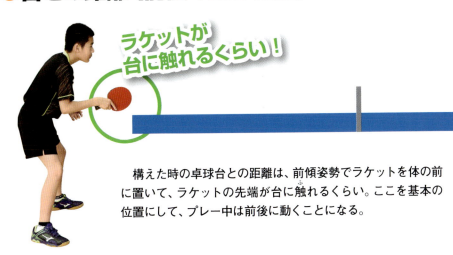

ラケットが台に触れるくらい！

　構えた時の卓球台との距離は、前傾姿勢でラケットを体の前に置いて、ラケットの先端が台に触れるくらい。ここを基本の位置にして、プレー中は前後に動くことになる。

　台に近い立ち位置を「前陣」と言い、台から少し離れた立ち位置を「中陣」、さらに離れると「後陣」と呼ばれる。「前陣でのラリー戦が得意」「中・後陣に下がって強打をしのぐ」などと使われる。

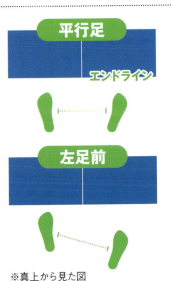

台の端のライン（エンドライン）に対して、両足の並びが平行だと「平行足」（左図上）、左足が前だと「左足前」（同下）と呼ぶ（同様に右足が前ならば「右足前」）

※真上から見た図

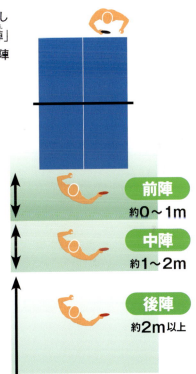

前陣　約0〜1m
中陣　約1〜2m
後陣　約2m以上

LESSON 2 ▶ 基本テクニック

技術に関する基本用語

●利き腕側の「フォア」と逆側の「バック」

卓球では、ラケットを持っているほうの手、利き腕側のことを「フォア」、その逆側のことを「バック」と呼ぶ。利き腕側のスペースが「フォア側」「フォアサイド」で、フォア側に来たボールを打ち返すテクニックが「フォアハンド」。逆側が「バック側」「バックサイド」「バックハンド」と呼ばれる。

また、フォアとバックの境目が「ミドル」で、だいたい体の正面。卓球台の左右の真ん中は「センター」と呼ぶ(これを「ミドル」と呼ぶ場合もある)。

※「フォアハンド」「バックハンド」はテクニックの総称として使われる場合と、基本技術の名称(p.40〜45)として使われる場合がある

[Basic Technique]

●打球タイミングを表す「打球点」

飛んでくるボールの軌道に対する、打つタイミングを「打球点」と呼ぶ。「打球点が早い」とは、バウンドしてからすぐを打つことで、タイミングを遅らせて打つと「打球点が遅い」となる。軌道の最も高いところが「頂点」で、それより少し早いと「頂点前」、少し遅いと「頂点後」。

卓球ではどの打球点で打つかが非常に大切になるので、各技術でベストな打球点を探しながら練習すると良い。

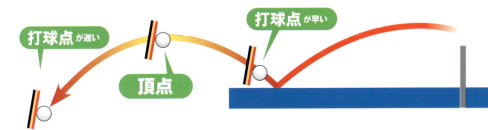

●スイングを表す用語

打球する前にラケットを後方に引き、スイングに勢いをつけるための準備動作が「バックスイング」(「テイクバック」とも呼ばれる)。ラケットにボールが当たった瞬間が「インパクト」。インパクト後のスイングが「フォロースルー」。

「バックスイングをしっかり引く」「インパクトで力を入れるイメージ」「フォロースルーでしっかり振り切る」というように技術解説でよく使われる用語だ。

LESSON 2 ▶ 基本テクニック

フォアハンド

[Basic Technique]

●フォア側のボールを打つ時の基本打法

フォア側（利き腕側）に来るボールを打つ時の最も基本的な打法が「フォアハンド」だ。

ボールがフォアに来ても、バックに来ても対応できる「基本姿勢」(p.36)で構え、ボールが来たらバックスイングで、ラケットを右後方に引く。この時、ラケットは下に下げず、おなかくらいの高さにしておこう。そして、タイミングを合わせて左上前方にスイングし、体の右ななめ前でボールをとらえて、打ち返す。これが基本的なスイングだ。

理想的な打球点は、頂点。なるべく高い位置で打球したほうがミスが少なくなる。また力を入れすぎると遠くに飛びすぎてしまうので、まずは軽く打ち返すことを心がけよう。

ボールが高く飛んでしまう場合は、ラケット（打球する面）の向きを、やや下向きにすることがポイントだ。

右ななめ前で打球！

LESSON 2 ▶ 基本テクニック
フォアハンド

●まず最初はラケットの真ん中に当てよう！

　前ページでフォアハンドのスイングについて解説したが、なかなかイメージどおりに振れない、ラケットにうまく当たらないという初級者は多いだろう。そういう時はフォーム（スイングの形）は気にしなくても大丈夫。まずは「ラケットの真ん中にボールを当てる」ことを目標に練習してみよう。

　ラケットに当てられるようになったら、ラケットの向き（ボールを飛ばす方向）と力の入れ具合を意識しながら、相手のコートに返球していくのが次のステップ。それができるようになったら、徐々に理想的なスイングに近づけていこう。

フォアハンド（正面）

目指せ！キレイなフォアハンド

[Basic Technique]

●フォアハンドの基本はペンも同じ

スイングの基本は、シェークもペンも同じだ。ペンの注意点としては、手首が曲がって、ラケットの先端(「ラケットヘッド」と呼ぶ)が極端に下がったり、上がったりしないこと(下写真参考)。

力が入りすぎるとヘッドが上下するので、なるべく腕をリラックスさせて打つようにしよう。

基本の基本と言えども なかなか難しい!?

フォアハンドは一番最初に覚える、卓球の基本中の基本。中・上級者になると、「カコン、カコン、カコン、カコン」とリズミカルにラリーが続き、一見簡単そうに見えるのだが、初級者がそのレベルになるにはそれなりの時間がかかるのが現実だ。練習量にもよるが、安定したラリーができるようになるには1〜3カ月くらいはかかると思って、焦らずじっくり取り組もう。

最初から速いラリーを目指してもミスばかりで楽しくなくなってしまうので、まずはボールを高く飛ばすゆっくりのラリーからスタート。安心して返球できるスピードで行い、慣れてきたら徐々に早いテンポの"かっこいい"フォアハンドに近づけていくほうが、楽しみながら上達できるはず。

そしてラリーが続くようになると卓球はどんどん楽しくなるぞ!

◎焦らずじっくり、まずは"ゆっくり"ラリーから

LESSON 2 ▶ 基本テクニック

バックハンド

●体の正面でとらえるバック系の基本打法

　バック側に来るボールを打ち返す基本打法が「バックハンド」。シェークの選手と、ペンで裏面を貼っている選手が使うテクニックだ。シェークではこの打法を「ハーフボレー」とも言う。

　バックハンドは体の正面、おなかの前で打球するのが基本。ボールが来たら、打球する面（バック面）を前方やや下向きにして構えて、まっすぐ前に押し出すようにしてボールを打ち返す。バックスイングは大きくとらず、軽くおなか側に引く程度でOKだ。

　打球点は、頂点前から頂点の間で、バウンドしてボールが上がってくるところを軽く打球しよう。シェークの場合、打球する時にラケットのヘッド（先端）が下を向いていると低く飛ばしにくくなるので、ヘッドは横向きか、少し上げておくと打ちやすくなる。

　最終的には右ひじを支点にして、ラケットの先端で弧を描くようなスイングにする。このフォームを覚えることで、より攻撃的な技術の「バックドライブ」（p.66）がマスターしやすくなるのだ。

① ●シェークのハーフボレー ②

[Basic Technique]

●ペン裏面バックハンドは面の向きに注意

　ペン裏面でのバックハンドも基本は同じで、おなかの前にラケットを置いて、ひじを支点にして前方に振っていく。

　ただし、裏面の場合は面が下側を向きすぎると、ネットミスしやすくなるので注意。下向きになってしまう人は、親指に力を入れて、面をなるべく前方に向けて打つようにしよう。

●ペン裏面バックハンド

体の正面で打球

LESSON 2 ▶ 基本テクニック

バックショート

●ペンの表面（おもて）で打つ基本テクニック

　ペンホルダーで表面（フォア面）を使って打つ基本のバック技術が「バックショート」。片面のみにラバーを貼っているペンの選手は、バックハンドではなく、バックショートを使用する。

　バックハンドと同様に、打球する面を前方に向けておなかの前で構えて、体の正面で打球。バックショートは、バックハンドのようにひじ支点でラケットを回すのではなく、まっすぐ前に押し出すスイングとなる。力は入れずに、相手のボールの勢いを利用するイメージで軽く打ち返そう。

　ちなみに、ペンで裏面にもラバーを貼っている選手の場合は、裏面バックハンドとバックショートの両方を使うことが可能。ただし、実際には2つを上手に使い分けるのは難しいので、初級者の場合はどちらか片方だけ使うようにしたほうが良いだろう。裏面バックハンドとバックショート、どちらを使うべきかは選手それぞれだが、近年ではより攻撃的に打球できる裏面バックハンドを使う選手が増えている。

[Basic Technique]

●おなかの前からやや上方向へスイング

　バックハンド&バックショートで気をつけたいのが、上から下へのスイングにならないようにすること。低く飛ばそうとして、上から振り下ろすスイングにしてしまうと、ボールが直線的に飛んでいくため、安定しなくなってしまう。

　バックハンドもバックショートも、打つ面を少しだけ下向きにしつつ、おなかの前からスタートし、上方向へ振るのが基本。そうすることで、ボールにはしっかりと上回転がかかって、安定した返球が可能になるのだ。

バックハンド

バックショート

LESSON 2 ▶ 基本テクニック

みんなココが知りたい！

上手にラリーを続けるコツ

卓球でラリーを続けるための基本技術「フォアハンド」「バックハンド（ショート）」を覚えても、実際にはラリーを続けるのはなかなか難しい。

どうやったら確実に相手のコートに打ち返し、安定してラリーが続くようになるのか。ここで紹介するポイントをしっかりチェックしよう！

❶ まずは優しく、ゆっくり飛ばそう！

しっかり打ち返そうとして打つ時に力が入りすぎたり、最初から速いラリーをしようとして強く打つのはNG。ラリーを続けるには、力を抜いて優しく打球し、ゆっくりと山なりに飛ばすことが大切だ。そのほうが相手も返しやすいのでしっかりとラリーが続く。

どうしても強く打ってしまう人にオススメの練習が、卓球台の横に立って行う「ミニラリー」（下写真）。この練習をすれば、自然と優しく小さく飛ばす感覚を磨くことができる！

オススメ練習法　横に立ってミニラリー！

[Basic Technique]

❷ スレスレ&ギリギリはミスのモト！

ネットのスレスレだったり、コートの端ギリギリにボールを返そうとすると、ちょっとでも狙いがずれるとすぐにミスになるので注意したい。

初級者の場合は、ネットミスしないようにやや山なりに、そしてオーバーミスしないようにコートの手前を狙うのがミスしにくい飛ばし方となる。

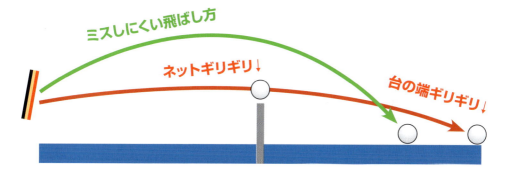

❸ ラケットの向きを安定させよう！

ボールがいろいろな方向に飛んでいき、ラリーが安定しない人は、ラケット（面）の向きに注意しよう。ラケットがしっかりと飛ばしたい方向を向き、打つ時にフラフラしなければ、ボールは狙った方向に飛んでいくはずだ。

また、振りながら正しいラケット角度に変えていくスイング（右下）も初級者によく見られるが、ミスしやすい打ち方なので注意が必要。あらかじめ正しい角度を作っておき、まっすぐスイングさせるほうがミスしにくくなる（左下）。

 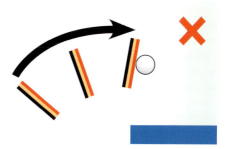

❹ 体に近づけてコントロールUP！

空振りが多い人によく見られるのが、ラケット（打つ位置）が体から遠いケース。ひじが伸びきってしまうとラケットの正確なコントロールが難しくなるので、打つ時に適度にひじが曲がる距離感で打球するようにしよう。

同様にバックスイングを大きく引きすぎるのも良くない。最初のうちは、コンパクトなスイングを心がけたほうが安定性はアップする。

近い！

遠い…

❺ 打球点の安定性がカギ！

ラリーを安定させるためには、打つタイミング、打球点も大切だ。フォアハンド・バックハンドでは、頂点前から頂点でとらえるのが理想で、バウンド直後の早いタイミングで打球したり、後ろに下がって低い位置で打つのはミスしやすいので注意しよう。

また打球点がバラバラになるのも良くないので、打球する時は「常に同じ打球点でとらえる！」を心がけながらスイングしよう。

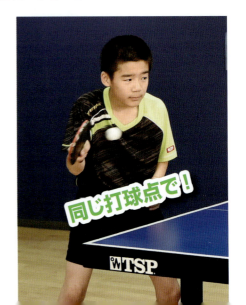
同じ打球点で！

[Basic Technique]

目標は ラリー20往復！

初級者は、フォアハンド・バックハンドのそれぞれで、まずは「ラリー20往復」を目標に頑張ってみよう。最初は、上手な人に相手をしてもらっての20往復。これがクリアできたら、初級者同士での20往復に挑戦だ。

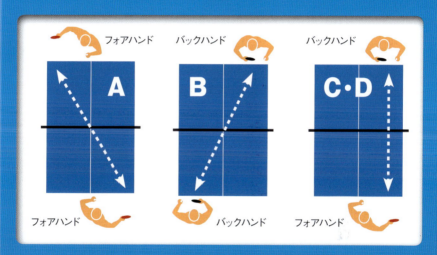

Ⓐ お互いにフォアハンド
Ⓑ お互いにバックハンド（ショート）
Ⓒ 自分がフォアハンド対相手がバックハンド
Ⓓ 自分がバックハンド対相手がフォアハンド

NEXT 【フォアとバックの切り替え】を覚えて、さらにラリー能力をレベルアップ！

フォアハンド、バックハンドが安定して打てるようになったら、次は2つを組み合わせた【切り替え】にも挑戦！　詳しくはp.108へGO！！

LESSON 2 ▶ 基本テクニック

フォアツッツキ

●下回転を打ち返すための基本打法

「ツッツキ」とは、下回転のボールを打ち返すための基本打法。打球面をななめ上に向けて、「突っつく」ようなスイングで打球するところから、この名前がついている。

なぜツッツキでは、面をななめ上に向けて打つのだろうか。それは、「下回転は普通に打つと下に落ちる」という性質があるからだ。

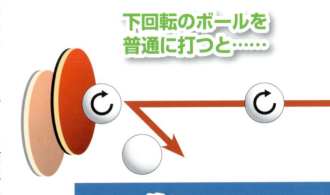

下回転のボールを普通に打つと……

落ちる！

[Basic Technique]

●ななめ上に向けて、まっすぐ押し出す

　下に落ちるボールを落とさず返すにはどうすれば良いか。最も簡単な方法が、面を上に向けて打球するということであり、これがツッツキの基本的な考え方だ。

　スイングとしては、ラケットの向きを少し上向きにし（目安として45度程度）、そのまま前に押し出せばOK。

　このフォアツッツキで注意したいのが、横方向にスイングしてしまうケースだ（下図左）。横に振ると安定性が低くなるので、飛ばしたい方向にまっすぐラケットを動かすことを基本にしよう（下図右）。

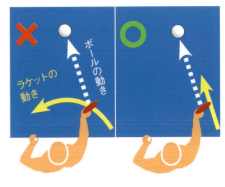

LESSON 2 ▶ 基本テクニック

バックツッツキ

●右足を出し、体を近づけ安定性アップ

バックツッツキも基本はフォアツッツキと同じで、バックの場合は体の正面で打球する。

ツッツキは強く打つとオーバーミスしてしまうので、力を抜くことが大事。軽く当てるだけでOKだ。打球点は、頂点から頂点後。レベルが高くなれば、早い打球点でとらえるのがベターだが、最初は難しいので、打球点はやや遅めに、体の近くに来るまで待って打つようにしよう。

またツッツキでは、足を一歩出すこともポイント。フォアツッツキでも、バックツッツキでも基本は右足（右利きの場合）を出しながら打つ。足を出すことでしっかりと体をボールに近づけ、打球を安定させるメリットがある。

[Basic Technique]

●こすりすぎスイングは、空振りしやすい

ツッツキがうまくいかない人に多いのが、無理にこすろうとするケース。打球面をほぼ真上に向けてボールの底をこすったり（下図B）、上から下にこすり下ろすスイングだと（C）、ボールをとらえるのが難しく、空振りが増えてしまう。

ツッツキの初歩は強く回転はかけなくて良いので、前方に押し出して確実に相手のコートに入れることを優先したい。

ちなみに、ツッツキは下回転を下回転にして返球する技術であり、お互いにツッツキをすればツッツキのラリーが可能になる。初級者はツッツキラリーで20往復を目指して頑張ろう。

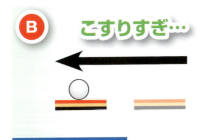

LESSON 2 ▶ 基本テクニック

対上回転 フォアドライブ

打球面はやや下向き

[Basic Technique]

●こすって強い上回転をかける超必須技術

　基本のフォアハンドを覚えたら、次は「フォアドライブ」に挑戦しよう。ドライブとは強く上回転をかける打法のことで、フォアドライブは攻撃技術の要であり、最も重要かつ必須のテクニックだ。

　スイングの基本はフォアハンドと似ているが、ドライブの場合は下から上にスイングし、ラケットをボールにこすり当てて、回転をかけるのが特徴（下図右）。打球面はやや下を向き、ボールの少し上側をとらえる。打球点はフォアハンドと同じく頂点でとらえるのが理想だ。

LESSON 2 ▶ 基本テクニック
対下回転 フォアドライブ

[Basic Technique]

● 上へのスイングで下回転をこすり上げる

　ドライブはスイングの方向によって、ボールを飛ばす方向を変えることができ、真上にこすり上げればボールは高く飛び、水平にこすれば低く飛ぶ。

　これを応用した技術が下回転に対するドライブだ。下回転のボールは下に落ちやすい性質があるため、真上に振り上げるスイングでこすり上げて、上回転にして返球する。

　前ページの上回転に対するドライブと比較すると、バックスイングでのラケットの位置はやや下になり、面は下ではなく前方を向き、上方向へのスイングになっているのがわかるだろう。

LESSON 2 ▶ 基本テクニック
対下回転フォアドライブ

●力で持ち上げようとするのはNG

下回転に対するドライブは初級者にとって最初の関門のひとつで、「下回転が持ち上がらない（ネットを越えない）」と悩む人は非常に多い。ほとんどの人はとにかく一生懸命に振って、力で飛ばそうとするのだが、これはNG。ドライブで大切なのは、ラケットの向きと振る方向。どうすればボールを高く飛ばせるのか、力の入れ具合ではなく、スイングを変えながら入る角度を探していこう。

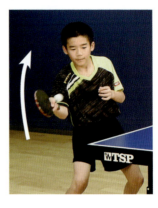

どうしても入らない場合は、打球面を上に向けて、上にスイングする、通称「のっけ打ち」で返そう。強い回転はかからないが、ネットミスはなくなるはずだ

●ドライブとツッツキの役割とは

ここまで下回転に対する返球方法として、ツッツキとドライブを紹介したが、「どう違うのか」「なぜ2つも覚える必要があるのか」と疑問に思う人もいるかもしれない。それぞれの特徴、役割を簡単に説明しておこう。

すでに紹介したようにボールの回転には上回転と下回転があり、それらを使って相手のミスを誘うのが卓球というスポーツである。そして、特に初級者の場合は「下回転をどう攻略するか」が試合の勝敗を分けるカギとなる。

そこで2つの打法を使うわけだが、ツッツキはミスしにくいが得点力が低く、攻撃技術であるドライブはツッツキよりミスしやすいが得点力が高い、という特徴がある。つまり試合では、安全にツッツキでつなぐのか、リスクを冒してドライブで攻めるのか、状況に応じて判断し、使い分けることが大切になるのだ。

対下回転ドライブをマスターし、自分から攻撃をしかけられるようになると、試合ではかなり有利となる。だからこそ、ドライブが重要になるというわけだ。

[Basic Technique]

ドライブをかける メリットとは？

卓球ではドライブ攻撃が欠かせないのだが、そもそもなぜ上回転をかける必要があるのだろうか。何かメリットがあるのだろうか。

上回転をかける大きな理由は、安定性がアップし、ミスが減るという点だ。上回転がかかったボールは、弧を描きながら下に沈む性質を持つ。つまり、ボールが台に向かって飛んでいくためミスしにくくなるのだ。

下図は、直線的な弾道と弧を描く弾道の比較。直線的な弾道は少しでもボールの飛ぶ角度が変わるとミスにつながるのだが、弧を描く弾道の場合は多少角度が変わってもコートに入る。

弧を描く度合いは回転が強ければ強いほど大きくなり、その度合いが大きいほど、スピードのあるボールでもミスせず入りやすくなる。だから、攻撃的に打球する時は、スピードが出て、安定性もあるドライブ打法が多くの選手に使われるのだ。

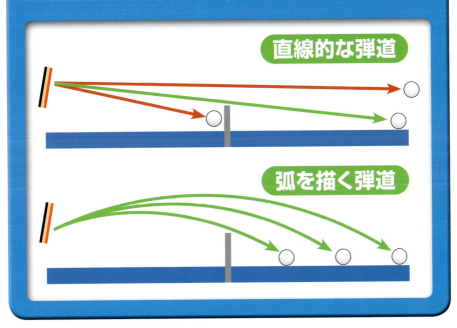

LESSON 2 ▶ 基本テクニック

フォアスマッシュ

[Basic Technique]

●強く弾いて打ち抜く攻撃テクニック

高く上がったボールに対して、強く弾き打つテクニックが「スマッシュ」で、決定打として使う非常に大切な技術だ。

スマッシュは、ボールの高さに合わせながら、高めにバックスイングをとり、上から叩きつけるイメージで打球をする。腕が伸びきった大きいスイングだと、威力が出てもミスしやすくなるので、コンパクトに振ることがポイントだ。

またバックスイングと同時に右足に体重を乗せて、打つ時に左足に体重移動をすることで、体全体の力も加わり、より強い打球が可能になる。

この右足から左足への体重移動は、強いドライブを打つ時にも必要な下半身の動きなので、腕のスイングが安定してきたら、取り入れていこう。

LESSON 2 ▶ 基本テクニック

フォア角度打ち

●角度を合わせて下回転を打ち抜く攻撃技術

下回転に対する攻撃的な打法のひとつに「角度打ち」がある。ドライブのように強く上回転をかけるのではなく、強く前方に弾き飛ばす打ち方となる。

ペン表ソフト速攻型やシェークのフォア面表ソフトの選手にとっては必須のテクニックで、裏ソフトの選手でも使うことが可能だ。

[Basic Technique]

●ラケットを垂直に立てて、前に弾く

下の連続写真は、上段がシェークのフォア面裏ソフトの選手で、下段がペン表ソフトの選手。打つ直前のラケットの角度を見ると（上段④／下段⑤）、垂直になっているのがわかる。ラケットを立てて、前に弾くのが角度打ちの特徴だ。

どれくらいの角度で打てば良いかは、スイングスピードや相手のボールの回転量によって違ってくるので、練習を繰り返して、角度の調整を体で覚えていこう。

角度打ちはドライブに比べてミスしやすいというデメリットがある一方で、相手が返球しにくいというメリットもある。難しさはあるが、使いこなすと大きな得点源となるので、チャレンジしてみると良いだろう。

※写真は『卓球王国』本誌記事より抜粋（モデル：上段・福岡春菜／下段・渡邉将人）

LESSON 2 ▶ 基本テクニック

対上回転 バックドライブ

●バックハンドでもドライブを打とう

　バックハンドで強い上回転をかけるテクニックが「バックドライブ」。フォアドライブと同様に攻撃の軸となる重要な技術と言える。

　基本的なスイングはバックハンドに似ているが、強く回転をかけるため、スイングはより大きくなる。まず、打球面をやや下向きにして、おなか側にラケットを引いてバックスイング。ボールが来たら、ひじを支点にしてラケットで弧を描くようにして、ななめ上方向にスイング。ボールのやや上側をとらえて回転をかけて、前方に飛ばす。

　手首だけで振ってしまうと、手首を傷める可能性もあるので、前腕で振るようにしよう。また、体から遠くならないよう、おなかの近くまで引きつけて打つこともポイントだ。

　打球点は頂点前から頂点が基本だが、打球が安定しない人は最初は台から少し距離をとって、打球点を遅らせて練習をすると良い。そのほうが回転がかけやすくなるので、慣れてきたら少しずつ前に出て打つようにしよう。

[Basic Technique]

●裏面を貼る人もバックドライブは必須

ペンホルダーにおける裏面バックドライブも基本はシェークと同じ。ラケットの先端を回すことで回転量がアップするが、手首だけのスイングにならないように注意しよう。また力の入れすぎもNGなので、腕はリラックスさせよう。

※写真は『卓球王国』本誌記事より抜粋
（モデル．松下大星）

【裏面打法】がもっとわかる
オススメDVD >> p.207

LESSON 2 ▶ 基本テクニック
対下回転 バックドライブ

●バックドライブで下回転をこすり上げる

　バックドライブでも、対上回転と対下回転の両方を練習しよう。
　下回転に対するバックドライブのバックスイングでは、ラケットを下に引く。その時に、ラケットを下ろすだけではなく、ひざを曲げて体全体を沈ませることがポイント（下連続写真②）。打球時に体が伸び上がる力を利用することで回転量をアップさせることができるのだ。
　打球時のラケットの向きはほぼ垂直で、ボールの真後ろを上にこすり上げるイメージで打つ。
　打球点は頂点から頂点後で、早く打とうとせず、体の近くまでしっかりボールを引きつけてから打つようにしたい。
　フォアドライブ同様、バックドライブも力任せでこすり上げようとするのは良くない。ネットミスが続く場合は、ラケットが下を向き、前方向に振っているケースがほとんど。ラケットの角度、スイング方向を確認しながら練習をしよう。

[Basic Technique]

ドライブに関するその他の技術・用語

ドライブは、打ち方や飛ばし方によって様々な種類（呼び名）がある。

●スピードドライブ
スピード重視の速いドライブ。同じ意味合いで「パワードライブ」と呼ぶこともある。

●ループドライブ
強く回転をかけつつ、山なりにゆっくり飛ばすドライブ。下回転に対して使うことが多い。

●カウンタードライブ
相手のドライブに対し、前陣（台の近く）でドライブをかけ返す。

●引き合い
中・後陣でお互いにドライブを打ち合うラリーを指す。

●カーブ／シュートドライブ
打球時にボールのななめ横をとらえることで横回転を加えるドライブ。曲がりながら飛ぶのが特徴。フォアのカーブドライブは打球者から見て左に曲がり、シュート（p.112～113）は右に曲がる。バックの場合は右に曲がるのがカーブで、左に曲がるのがシュート（すべて右利きの場合）。

LESSON 2 ▶ 基本テクニック

サービスの基本

●ボールをトスして、落ちてくるところを打つ

　自分の手でボールを投げてから打球する、ラリーの1球目が「サービス」だ。

　まずフリーハンドの手の平にボールを置き、真上に投げて（トス）、落ちてくるところを打球。自分のコートと相手のコートにバウンドさせる、というのが基本的な出し方（※細かいルールはp.22参照）。

　最も基本的なサービスとして、フォアの上回転サービスから始めてみよう（下連続写真）。ボールをトスしたら、ラケットを小さく後方に引き、バックスイングをとる。ボールが胸の高さくらいまで落ちてきたところで、ラケットを前方に振り抜いて前方に飛ばす。スイングや打球する位置は基本のフォアハンドとほぼ同じと考えてOKだ。

　サービスを安定させるために、まず注意したいのがトス。トスを上げる位置が悪いために、打ちにくい位置で打球しているケースは結構多い。自分にとって打ちやすい場所はどこかを確認し、そこにボールを構えてから真上にトスすると良いだろう。

① 打ちやすい場所を確認し構える

② トス＆ラケットを引く

[Basic Technique]

●低く飛ばすには、低い位置で打とう

サービスを安定して入れられるようになってきたら、より低く、速いサービスにステップアップしていこう。

低く出すには、打つ位置を低くすることが一番のポイント。サービスが高くなってしまう原因は、打つ位置が高い場合がほとんどなので、低い位置で打つことを心がけよう（下図参照）。

その時、そのままの体勢でラケット（腕）を下げるのではなく、ひざを曲げて体全体を低くするほうが、低い場所でとらえやすくなり、安定する。

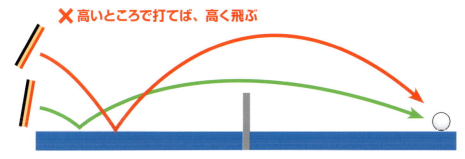

✗ 高いところで打てば、高く飛ぶ
○ 低いところで打てば、引く飛ぶ

③ 打つ！
④ 自分のコートにバウンド

LESSON 2 ▶ 基本テクニック

下回転サービス

●下回転をかけるサービス

　基本のフォアサービスが出せるようになったら、いよいよ回転をかけるサービスに挑戦していこう。まずは、試合で重要となる「下回転サービス」だ。

　まず体を横に向けて構えて、体の正面でボールをトスする。フォア面を上に向けてバックスイングをとったら、タイミングを合わせて前方にスイングし、ボールの下側をこすって、下回転をかける。

　打つ位置が体から遠すぎたり、近すぎたりしないよう、打ちやすい位置にトスをすることが大切だ。「ボールつき」（p.34）をする時の打球位置を参考にするとわかりやすいだろう。

　下回転サービスでのこすり当てる打ち方は、打球のタイミングが難しく、正確に当てられるようになるためには、かなりの練習量が必要だ。最初のうちは空振りばかりになるが、根気よく練習して出せるようにしていこう。

　なかなかうまくこすれない人のために、p.74〜75で初級者が陥りやすい注意点を紹介するので、それも参考にしてみよう。

[Basic Technique]

ボールの底をこすって下回転をかける！

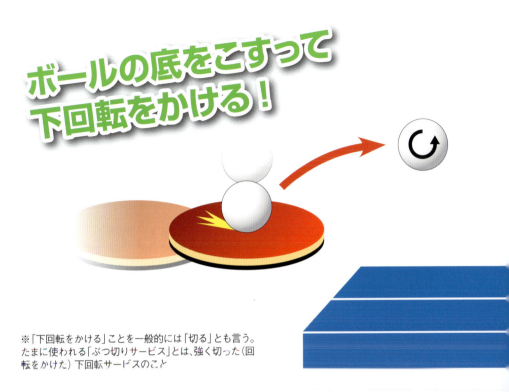

※「下回転をかける」ことを一般的には「切る」とも言う。たまに使われる「ぶつ切りサービス」とは、強く切った（回転をかけた）下回転サービスのこと

LESSON 2 ▶ 基本テクニック

みんなココが知りたい！

なぜ下回転がかからない？

初級者の人が必ずと言ってよいほどに苦戦する難関・下回転サービス。それらしく出せるようにはなっても、しっかり回転がかからないと悩む人は非常に多い。回転をかけるためのポイント、スイングの注意点を紹介しよう。

❶ 空振りを恐れて押し出してしまう

　回転がかからない人は、ボールの底をこすれていないケースがほとんどだ。自分ではこするつもりで、打球面も上に向けてスイングするのだが、打球直前に面が前を向いて、こすれずに押し出してしまう（下図）。空振りしたくないために、ボールをとらえやすい打ち方になってしまっているのだ。

　最初の段階では、空振りを気にせず行うことが重要。相手のコートに入れることよりも、回転をかけることを優先させて繰り返し練習しよう。

　どうしても当てにいってしまう人は、台は使わず、回転をかけるボールつきにトライするのがオススメだ。ボールつきをしながら、右から左にラケットを動かし、回転をかける。まずはこの初歩練習で回転をかけられるようにしてから、台につき、徐々に相手のコートに入れられるようにすると良い。

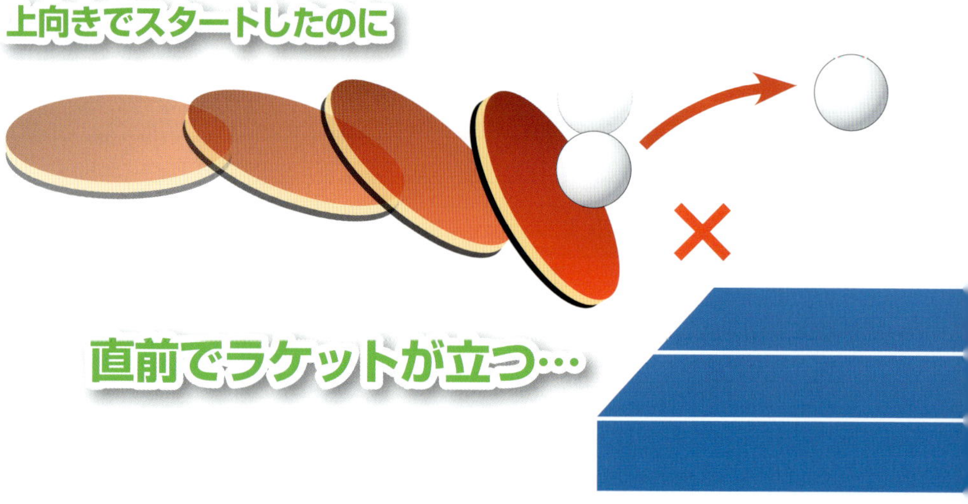

上向きでスタートしたのに

直前でラケットが立つ…

[Basic Technique]

❷ 山なりに飛ばすのがコツ

　ルール上、サービスは自分のコートにバウンドさせなければいけないのだが、だからと言って台をめがけて、ボールを下に飛ばしてしまうと、回転がかかりにくくなるので注意が必要だ。

　下回転サービスの初歩練習では、無理に台に落とそうとせず、山なりに飛ばすことがポイント。面が上を向いて、ボールの底をとらえれば、ボールは高く飛ぶはずだ。

　慣れてくれば低い弾道にするのは難しくないので、まずは山なりに飛ばしつつ、しっかりと回転をかけることを目標に出してみよう。

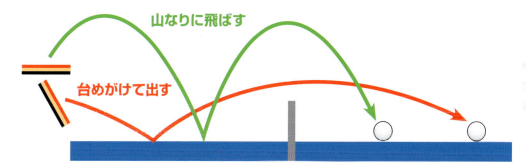

ナックルサービスと混ぜて効果アップ！

　サービスの種類のひとつに、回転をかけない「ナックル（無回転）サービス」がある。

　出し方は、下回転とほぼ同じようなスイングをして、ボールに当たる時にこすらず、押し出すようにして打つ。左ページで「下回転の悪い例」として紹介した、直前でラケットが立つ打ち方に近いと言えるだろう。

　ナックルを下回転に近いスイングで出すことで、相手は下回転なのか、ナックルなのかがわからなくなる。もし、下回転サービスだと思ってナックルサービスをツッツキで返すと、レシーブは高く浮く。逆にナックルサービスだと思って下回転サービスを返すとネットミスになる。

　このようにして相手のミスを誘うことができるので、下回転とナックルはセットで習得すると良いだろう。

LESSON 2 ▶ 基本テクニック
横回転サービス

●横方向にこすって、相手のミスを誘う

　回転をかけるサービスとして、もうひとつ覚えておきたいのが「横回転サービス」。横回転のボールはラケットに当たると横方向に飛んでいく性質があるので、それを利用することで相手のミスを誘うことができる。非常に効果的で得点力の高いオススメのサービスだ。

　下の連続写真は、一般的なフォアの横回転サービス。インパクトでは打球面が前を向き（ラケットが立ち）、ボールの後方を、サービスを出す人（サーバー）から見て右から左にこすって打球している。

　ちなみにこのサービスは右に曲がりながら飛んでいく右横回転。逆方向にこすれば左横回転サービスとなる。

　横回転サービスは、スピードがあるとより効果的になるので、打球する位置を下げて、低くて速い横回転サービスを目標に練習してみよう。

　また下写真のスイングはあくまで一例で、他の打ち方でも横回転をかけることが可能だ。いろいろなフォームでチャレンジして、オリジナルの横回転サービスを作ってみると良いだろう。

[Basic Technique]

●ななめにこすれば「横下回転」

　ここまで下回転サービスと横回転サービスを紹介したが、その中間の性質を持つ「横下回転サービス」もある。

　出し方も下回転と横回転の中間で、打球面がななめ上を向き、ボールのななめ下をとらえて回転をかける。

　同様に上回転と横回転の中間である「横上回転サービス」は、ボールのななめ上をこすることで出せるようになる。

　これらのサービスを試合で組み合わせて使うことで相手のミスを誘うことができるので、いろいろな回転が出せるように練習をしておこう。

下回転　右横下回転　右横回転　右横上回転　上回転

※レシーブ側から見たそれぞれのサービスのラケット角度と動き

77

LESSON 2 ▶ 基本テクニック

長短のコントロール

●第1バウンドの位置で出し分けよう

サービスに回転をかけられるようになったら、次はサービスでの長い、短いの出し分けを身につけていこう。
「ロングサービス」とは2バウンド目が

ロングサービス / 手前にバウンド / エンドライン

ショートサービス / ネット近くにバウンド

[Basic Technique]

相手のコートのギリギリに落ちるような長いサービスで、低く速く出すことで相手のミスを誘うことができる。

「ショートサービス」は、相手のコートで2バウンド（以上）する短いサービスで、相手のレシーブ強打を防ぎ、攻撃のチャンスを作るのが目的だ。

長短の出し分けのポイントは、自分のコートでの第1バウンドの位置。ロングサービスの場合は手前、エンドラインの近くにバウンドさせ、ショートサービスの場合はコートの中央、ネットの近くにバウンドさせることで、狙った長さで出しやすくなる。この出し分けのポイントは、どの回転のサービスでも共通なので、しっかりと覚えておきたい。

エンドラインぎりぎりに入る！

エンドライン

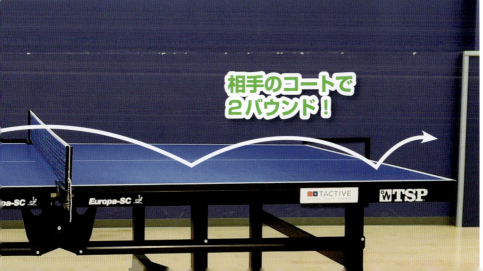

相手のコートで2バウンド！

LESSON 2 ▶基本テクニック
様々なサービス

●サービスは自由。出し方は無限にある

サービスは相手の選手に左右されずに打球できる唯一のテクニックであり、様々なスイングや回転が可能だ。

ここでは、その他の代表的なサービスについて紹介していくので、これらを参考にしながら自分でもいろいろ試してみて、キミだけの新しいサービスを発明してみよう！

バックサービス

その名のとおり、バックハンドで出すサービス。フォアサービスに比べて使う選手が少ない分、レシーブしにくいと感じる選手も多く、効果は高い。

左から右にラケットをスライドさせながら打球し、スイング方向で横下回転や横上回転を出すことができる。

しゃがみ込みサービス

打球する前にひざを曲げてしゃがみ込み、低い体勢で打球するサービス。通常とは全く違うフォームになることで、相手としてはレシーブがしにくく、サービスとしての効果は高い。福原愛選手が使い、ひと昔前に話題になった「王子サービス」もしゃがみ込みサービスの一種だ。

バックでこする！

低い姿勢で出す！

[Basic Technique]

サービスは出しやすいグリップに変えてOK

サービスでは、ラケットの握りを変えて、出しやすいグリップにする人が多い。最も一般的なケースだと、フォアサービスの時に人差し指を立てて、中指〜小指の3本を柄（え）から外（はず）すグリップがある（写真）。こうすることで手首が使いやすくなって、様々な回転がかけやすくなるのだ。

YGサービス

若い世代の選手が使うことから、「ヤングジェネレーションサービス」と呼ばれるようになったサービス。「YG（ワイジー）」「ヤンジェネ」とも言われる。

通常のフォアサービスとは違い、ラケットを左から右（体の外側向き）にスイングすることで、逆の横回転をかける。

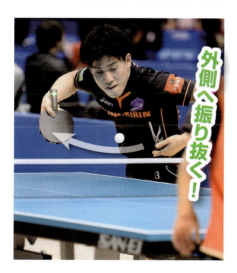

外側へ振り抜く！

巻き込みサービス

ラケットを右ななめ前にスライドさせながら、ボールの右後方をとらえて左横回転をかける。他のサービスに比べると、速くスイングできないため回転量は小さくなるが、回転の種類がわかりにくいというメリットがあり、多くのトップ選手が使用している。

回転で相手を惑（まど）わす！

LESSON 2 ▶ 基本テクニック

レシーブの基本①

●サービスを見極め、安定して返すコツとは？

相手のサービスを返すことを「レシーブ」と呼ぶ。他のスポーツでは、相手へ打ち返すことをすべてレシーブと言う場合もあるが、卓球ではサービスに対する返球のみに使われる。

このレシーブも「初級者泣かせ」と言える難しいテクニック。なぜならば、どんな回転で来るかわからないサービスを一瞬で見極め、適切なスイングで返球しなければならないからだ。

どうすれば安定して返すことができるのか。そのポイントを学んでいこう。

●上＆下回転サービスの返し方

まず最初に、上回転もしくは下回転サービスに対するレシーブを覚えよう。

返し方としては、上回転に対しては基本のフォアハンドやバックハンドで返球。レベルが上がったら、ドライブでより攻撃的にレシーブするのも良い。

下回転に対してはツッツキが基本。まずはネットミスをしないよう、多少高く浮いても良いので、確実にネットを越えたい。また対下回転ドライブを覚えた人は、下回転サービスに対するドライブでのレシーブにチャレンジしてみよう。

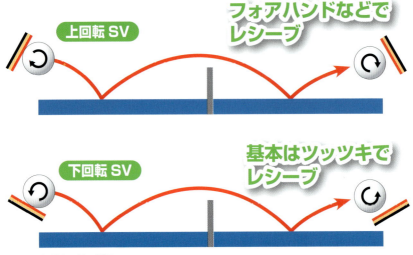

※ SV ＝サービス

[Basic Technique]

●ラケットの向きとスイング方向で見極める

レシーブでは回転がわかれば、返球そのものは決して難しくない。問題なのは、サービスの回転の見極めができるかどうかだ。

見極めで注目すべきは、相手のラケットの向きとスイング方向。上回転サービスの時はラケットがやや下向きで、スイングは上方向。一方、下回転サービスは、ラケットが上を向き、スイングは下方向となる。相手が初級者の場合は、打つ前のラケットの向きで予測できるので、まずは目で慣れることが大切だ。

レシーブは確実に返すことが最も大切なので、無理に厳しい返球にせず、安全に相手のコートに打ち返すことを心がけよう。

上回転SV／下向き&上スイング

下回転SV／上向き&下スイング

相手と同じラケットの向きにすればレシーブは簡単だ

左の図で、サービス側とレシーブ側のラケットの向きを見てみよう。上回転サービスの時は両方ともラケットは下を向き、下回転の時は上を向いている。このようにレシーブは、サービスとラケットの向きを同じにすることで返球しやすくなるのだ。

これを使えば、たとえ見たことがないサービスが来ても、とりあえずラケットの向きだけ同じにして、打ち返すことができるのだ。とっさの解決法として覚えておくと良いだろう。

LESSON 2 ▶ 基本テクニック

レシーブの基本②

●右横&左横回転の返し方

　初級者が苦手とする横回転サービスに対するレシーブ。しかし、基本的なポイントを押さえておけば難しくはない。

　横回転で最も一般的な右利きの選手のフォアサービス、「右横回転サービス」で考えてみよう。右横回転は、ラケットを正面に向けて打つと、レシーブする選手から見て右方向に飛んでいく（下図左）。

　これを相手のコートに返すには、ラケットを左側に向けて、左方向を狙って打てば良い。実際には狙ったコースよりもやや右側、正面にボールが飛んでいくだろう（下図右）。

　このように飛んでいく方向の逆側を狙うのが横回転に対するレシーブの基本。左横回転も同様に、反対の右側を狙おう。

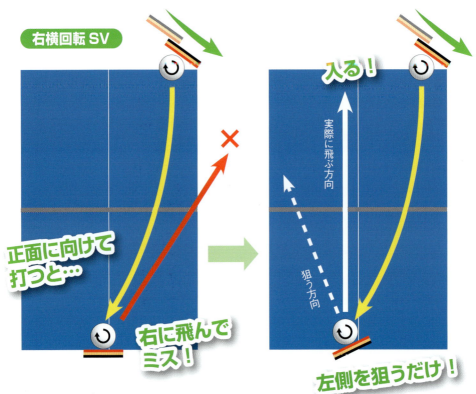

※ SV＝サービス

[Basic Technique]

●「相手のスイングの逆を狙う」でOK！

　横回転の返し方がわかったとしても、相手がサービスを出した瞬間に「あれは右横だから……左を狙う！」と頭で考えている余裕は実際にはない。そこで相手の動きを見て瞬間的に判断できる方法を覚えておこう。それが「相手のスイングの逆を狙う」というもの。

　右横回転のスイングは、レシーブする選手から見て左から右へ動くので（左ページ下図）、その逆の左を狙う。このように覚えておくと、比較的簡単に返せるようになる。

　またp.83で紹介した、ラケットの向きをサービスと同じにする方法も有効。右横回転ならば、ラケットは左側を向くので、レシーブも左側に向ければ良い。これは横下回転サービスでも同様で、相手のラケットが左上を向いていれば（右横下回転）、レシーブもラケットを左上に向けて返球をするのだ。

〈 レシーブは「ミスから学ぶ」が大切だ！ 〉

　「レシーブが苦手！」「全然返せない……」と悩む初級者は非常に多いのだが、そもそもレシーブというのは難しくて当然なのだ。なぜなら、どんな回転が来るかわからないうえに、相手もこちらをだまそうと工夫をしてくるからだ。最初のうちは「返せたらラッキー」くらいの気持ちで構え、その分自分のサービスで得点できるよう頑張れば良い。

　ただし、多少のミスはOKと言えども、避けたいのが同じミスの繰り返しだ。初級者同士の試合ならば、相手のサービスもたくさんの種類があるわけではなく、1試合の中で同じサービスを何回もレシーブすることになる。最初の1〜3本のミスは良いとしても、4、5本目くらいからは返せるようにしたい。

　どうして同じミスを繰り返してしまうのかというと、「ミスから学ぶ」意識が薄いからだ。「1、2本目ともにネットミスしたから、次はもっと高めに打ってみよう」、「フォア側を狙われている気がするから、少しフォア寄りに立ってみよう」というように、反省を生かせればレシーブの確率はアップするのだが、「ただ何となく」で返してしまう人はずっと同じミスを連発してしまうのだ。

　レシーブが苦手な人は、まずは「同じミスは2回まで！」という目標を持ってみよう。そうすれば相手のサービスを見る目も変わってくるはずだ。

LESSON 2 ▶ 基本テクニック

コラム 上手な選手のモノマネをしよう！

　卓球には様々なテクニックがあるが、どうすればそれらの技術をスムーズに習得していくことができるのだろうか。

　ひとつの方法としてオススメなのが、まずは上手な人のプレーをよく見るということ。部活の先輩のプレーでも良いし、現在はインターネットにたくさんの卓球動画があるので、それらも非常に役立つはず。また、大会の観戦に行き、トップ選手のプレーを生で見るのも良いだろう。

　たくさん見ることで、理想的なスイング、体の使い方がイメージできるようになるので、練習ではそれをマネしながら打球すれば、より早く技術を覚えることができ、レベルも上がってくる。

　逆に言えば、理想的な動きがわからず、ただがむしゃらに打つだけでは技術の習得は時間がかかってしまう。「目で見て、マネをする」。これが上達の近道だ。

※ボル＝ドイツのトップ選手（※2011年世界選手権3位）

LESSON 3

[Applied Technique]
応用テクニック

試合では、得点するため、勝つために様々なテクニックを使わなければならない。
基本テクニックを覚えたら、次は実戦のための応用テクニックに挑戦だ！

LESSON 3 ▶ 応用テクニック

様々な応用テクニック

A フットワーク 〈p.90〜〉

様々なテクニックの土台となる「足ワザ」

いろいろなコースに来る相手の返球に対応し、より正確にボールを打ち返すために必要なのが、ラリー中の足の動き、「フットワーク」だ。

卓球はコートが狭いためにフットワークは必要ないと思われがちだが、それは間違い。たとえ様々な技術を身につけたとしても、その土台となるフットワークがなければ、試合で技術を使いこなすことはできないのだ。

B 台上テクニック 〈p.98〜〉

台上を制する者が試合を制す！

「台上テクニック」とは、短く飛んできたボールに対し、台の上で打球する技術を指す。卓球はドライブなどのダイナミックなラリーが醍醐味ではあるが、実はその前段階として、いかにして台上で先手を奪い、自分の有利な展開に持ち込むことができるかが試合では重要となる。台上の基本技術として「ストップ」「フリック」、そして近年流行している「チキータ」を紹介しよう。

[Applied Technique]

●試合で勝つために必要な4つの柱

試合で勝つためには、まだまだたくさんのテクニックを学んでいかなければならない。大きく4つのテーマに分けて、それぞれの必須技術を紹介していこう。

C 守りのテクニック 〈p.104～〉

ブロックを身につけ、守りの展開でも得点を！

実戦では自分が攻める時もあれば、相手に攻められる時もある。台上テクニックなどを駆使して、相手に攻めさせない努力も必要だが、攻められた時にそれを"しのぐ"ための守りのテクニックも重要。その代表的な技術が「ブロック」だ。ブロックをしっかりと練習し、攻守にバランスの良い選手を目指そう。

D コンビネーション 〈p.108～〉

実戦力を高める連係プレーの強化

実戦ではひとつのラリーの中で、ドライブやツッツキなど状況に応じて異なる技術を使い分けなければならず、実はその使い分けが初級者にとっては難しい。

だから練習においても、同じ技術を繰り返す基本的な練習だけではなく、別々の技術を組み合わせた、コンビネーションの練習が欠かせない。「切り替え」「3球目攻撃」など、重要な連係プレーを身につけよう。

LESSON 3 ▶ 応用テクニック

フットワーク

左右のFW（フットワーク）

●体を正面に向けたまま、左右にステップ

　少し遠くに返されたボールに対して、腕を伸ばしてスイングするとミスしやすくなる。正確に打ち返すためには、しっかりとボールの位置に移動してから打球することが大切。その時に必要になるのが「左右のフットワーク」である。

　まずは打球はせず、足の動きだけを練習しよう。動き方としては、いわゆる「反復横跳び」と同じと考えてOK。左に動く際は、①左足を左側に出す②右足を左足に近づける③（②と）ほぼ同時に左足を外側に出す。右に動く時はその逆となる。

　卓球はラリーが速いために、常に体を正面に向けておかなければならず、左右の動きも正面に向けたまま横にステップするのが基本なのだ。

左へのフットワーク　　　**右へのフットワーク**

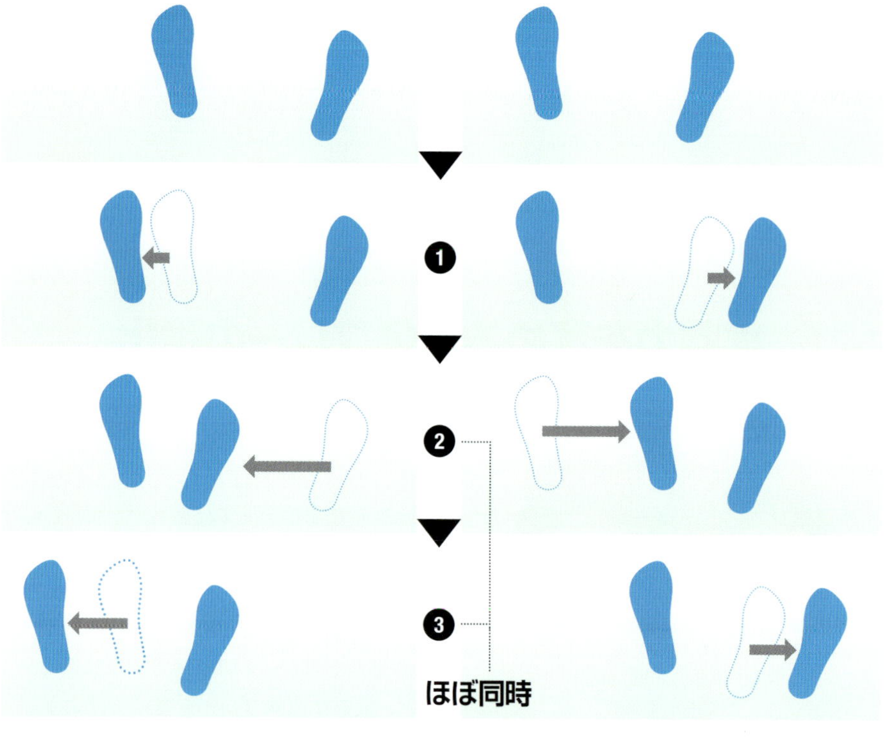

❶
❷
❸
ほぼ同時

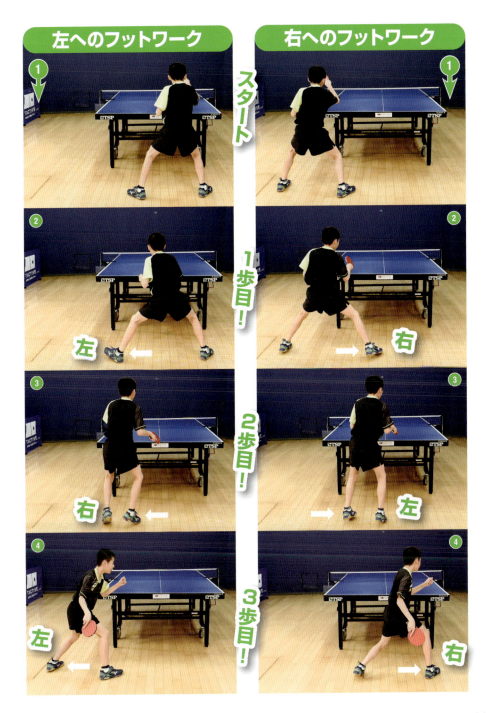

LESSON 3 ▶ 応用テクニック

フットワーク 左右のFW

● 「打ってから動く」がポイント

　左右のフットワークの動き方を覚えたら、実際に打球と組み合わせてみよう。練習法として、相手にフォア側とバック側に交互にボールを打ってもらい、それをフォアハンドで打つ練習に挑戦だ（右イラスト＆下連続写真）。

　注意したいのが、横にステップしながらの打球になってしまうケース。これだと実戦的な動きとは言えないので、まずは「打ってから動く」意識で練習を行おう。

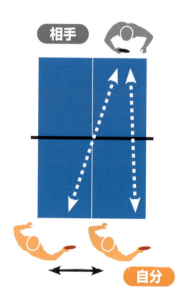

[Applied Technique]

●フォア攻撃で欠かせない「回り込み」

　左右のフットワークの一種で「回り込み」と呼ばれる重要な動きがある。これはバック側に来たボールをフォアハンドで打球するために、バック側へ移動するフットワークを指す。ステップの基本は、左方向へのフットワーク（p.90）とほぼ同じで、回り込みの時は左に移動しながら、同時にバックスイングをとるのがポイント（p.96〜97の連続写真も参照）。

　バックに回り込んでからフォアドライブで攻撃する「回り込みフォアドライブ」は非常に重要なフットワーク＆打球なので、必ず身につけておきたい。

LESSON 3 ▶ 応用テクニック

フットワーク　前後のFW

●右足を出して短いボールに近づく

　p.98から紹介する「台上テクニック」を使ううえで必要になるのが「前後のフットワーク」だ。これは前方へのステップと打球後に後ろに戻るステップをセットで覚えていこう。

　短いボールが来たと判断したら、まず小さく左足を前に出してから、2歩目で大きく右足を出してボールに近づく。これが前方へのステップだ。台上をフォアで打つか、バックで打つかに関わらず、基本的には右足を出す（右利きの場合／状況によっては左足を出すケースもある）。

　そして台上で打球した後は、前に出した右足で床を蹴るイメージで後方にジャンプして基本の位置にすばやく戻る。

[Applied Technique]

フォアストップからの対下回転バックドライブ

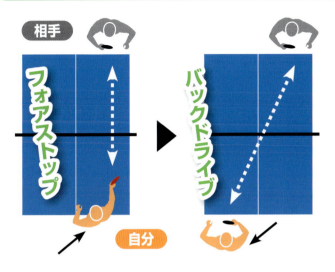

前後のフットワークを使ったラリーの一例「フォアストップ（p.98参照）からの対下回転バックドライブ」（左図＆下連続写真）。足の動きを参考にしよう

※写真は『卓球王国』本誌記事より抜粋（モデル：岸川聖也）

LESSON 3 ▶ 応用テクニック

フットワーク

飛びつき

●右足に体重を乗せ、左足で大きく踏み出す

　フォア側の遠いボールに対し、大きく足を踏み出しながら、フォアハンド（フォアドライブ）を打つ動作が「飛びつき」。サイドへの移動と打球が合わさったフットワークテクニックである。

　ボールがフォア側の遠くに来たと判断したら、まず右足を小さくフォア側に出し、右足に体重を乗せつつラケットを引いてバックスイングをとる（下連続写真⑧⑨）。右足で強く床を蹴って、左足を大きくフォア側に踏み出し、同時にフォアハンドで打球（⑩⑪）。最後は右足で着地して、体が外側に流れるのを防ぐ（⑫）。

　飛びつきを身につけることで、より広い範囲のボールを打球できるようになり、攻撃のチャンスも増えてくるのだ。

回り込んで

右足でためて

[Applied Technique]

回り込みフォアドライブからの飛びつきフォアドライブ

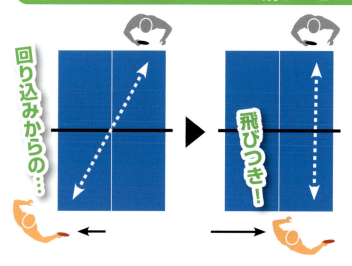

下の連続写真は、バック側のボールに対して、回り込みフォアドライブで返球し、フォア側のボールに対して飛びつきフォアドライブを打ったケース。実際に試合でも回り込み→飛びつきはよく使われており、必須のフットワークである

フォアハンド

左足で飛びつく！

右足で着地

LESSON 3 ▶ 応用テクニック

台上テクニック

ストップ

●短く止めて、目指せ2バウンド！

　相手の短い返球に対し、短く打ち返す台上テクニックが「ストップ」だ。ショートサービスに対するレシーブテクニックとしても非常に重要で、短く返すことで相手の強打を防ぐことができる。具体的には、返球したボールが相手のコートで2バウンド以上する短さが求められる。

　一般的にストップは短い下回転に対して使われることがほとんどで、打ち方としてはツッツキに近い。ラケットをやや上向きにした状態でボールに近づき打球。短く飛ばすため、打つ力をかなり弱めることがポイントだ。

　そしてストップで重要なのが打球点。ネットから遠い位置での打球になると、飛距離が出てしまい、短く止めるのが難しくなる（右図赤矢印）。できる限り打球点を早くして、ネット際に小さく落とすことが短く止めるコツだ（同緑矢印）。

　早い打球点でとらえるために、打つ前にしっかりと右足を出して、体をボールに近づけよう。

① ●フォアストップ

②　左足を出す！（左利きの場合）

[Applied Technique]

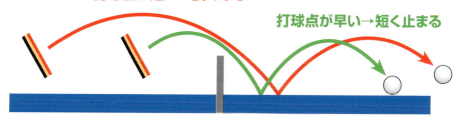

打球点が遅い→長くなる

打球点が早い→短く止まる

※写真は『卓球王国』本誌記事より抜粋（モデル：水谷隼）

LESSON 3 ▶応用テクニック

台上テクニック
フリック

●台上から攻めて、先手を奪うテクニック

　短い返球に対し、攻撃的にはじくように打ち返す技術が「フリック」で、フォアフリックとバックフリックがある。

　フォアフリックのスイングは、台上で小さくフォアハンドを振るイメージ。ただし、フリックの場合は大きくバックスイングはとらず、打球するポイントにラケットを近づけておき、そのまま打球のスイングに入っていく。

　同様にバックフリックも台上で小さくバックハンドを振るイメージで、こちらもバックスイングはとらず、スイングはコンパクトが基本だ。

　打球点は頂点がベストで、高い位置で打球するほうが強く打つことができる。

　ラケットの向きは、相手の打つボールの回転によって変えていく。下回転を打つ場合は、ラケットはほぼ垂直に立てておき、ななめ上にスイング（連続写真）。上回転をフリックする場合は、打球面の向きはやや下向きにする。

　ストップと同様フリックでもしっかりと右足を出し、体を近づけて打球するようにしよう。

①→ ●フォアフリック
②

[Applied Technique]

●フリックのバリエーション

　フリックも打ち方にはバリエーションがある。強く弾くように打ち、一発で打ち抜く「パワーフリック」や、上回転をかけて安定性を重視するフリック、あえて回転をかけず相手のミスを誘う「ナックルフリック」などだ。

　得点するために使うのか、チャンスメークのために使うのか。状況に応じて使い分けられるように、練習では様々な打ち方に挑戦してみると良いだろう。

LESSON 3 ▶ 応用テクニック

台上テクニック **チキータ**

●横上回転をかける台上バックテクニック

　近年流行している新しい技術「チキータ」も、台上テクニックのひとつ。バックハンドで強い横上回転をかける攻撃的な打法で、バックフリックの進化バージョンと言える。

　ひじを高く上げて、ラケットをおなか側に引いてバックスイングをとり、そこから勢いをつけてななめ上に振り上げ、ドライブをかける。ボールのやや左側をとらえることで、右横回転が加わり、右にカーブするボールになる。

　ちなみに「チキータ」という名称は、有名なバナナのブランドが由来で、大きく曲がりながら飛ぶ軌道がバナナに似ているため、この名前で呼ばれるようになった。

　似たような技術で、ボールの横ではなく真上をとらえて、より攻撃的に返球する「台上バックドライブ」もある。チキータと分けて呼ばれる場合もあるが、最近は台上バックドライブも含めて、すべてチキータと呼ばれることが多い。

グイ！

チキータという技術を最初に広めた、チェコのコルベル。前腕＆手首をひねって、フォア側に大きくラケットを引くのが特徴だ

ひじを上げる

[Applied Technique]

チキータは初心者には難しい？

チキータは最新の技術であるため、非常に高度なテクニックと思われがちだが、決してそのようなことはない。回転をかけるドライブの感覚さえ身につければ、初級者でも使うことはできる。チキータを練習することで、基本技術のバックハンドやバックドライブがよりレベルアップするという効果もあるので、どんどんチャレンジしてみよう！

※写真は『卓球王国』本誌記事より抜粋（モデル：吉村和弘）

LESSON 3 ▶ 応用テクニック

守りのテクニック

ブロック

●相手の力を利用して確実に返球する

相手にドライブやスマッシュなどで攻められた時に、確実に返球するためのテクニックが「ブロック」だ。

ブロックの基本は、スイングを最小限にして、力を加えないこと。相手の強打に対し、力を加えてしまうとミスしやすくなるので、相手の打球の力を利用するイメージで、軽く当てるだけにするのだ。

スイングのフォームは、基本のフォアハンド、バックハンドをベースにして、よりコンパクトなスイングにする。打球面はやや下向きで、相手のドライブの回転量が強い場合は、オーバーミスしないように、さらに下方向に向ける。

相手の強打に腰が引けてしまい、打球点が遅くなると安定性が下がるため、なるべく頂点前の早い打球点でとらえることがポイントとなる。

力は加えないと思いつつも、実際に速いボールが来るとビックリして、ついつい力が入ってしまうのがブロックの難しいところでもある。目を慣れさせることも重要なので、繰り返し速いボールを体験して平常心で待てるようにしたい。

① ●バックブロック

②

[Applied Technique]

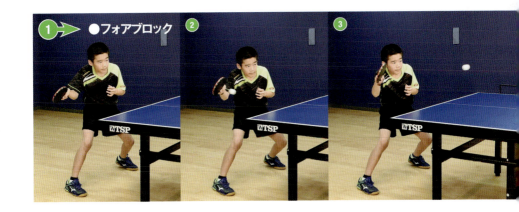

●ブロックの進化バージョン「カウンター」

「カウンター」とは、相手の強打を強打で打ち返す技術で、いわばブロックの進化バージョンとも言えるテクニック。

ブロックと同じ構えから強く押し出す「カウンターブロック」や、ドライブで回転をかけ返す「カウンタードライブ」などがある。難しいテクニックではあるが、練習することでブロックの感覚も磨かれていくので、カウンターテクニックにも積極的にチャレンジしてみよう。

LESSON 3 ▶ 応用テクニック

守りのテクニック

ロビング

[Applied Technique]

●後陣から高く飛ばす"しのぎ"のテクニック

相手に攻められた時、台から距離をとって、後陣から山なりに返球する守備的テクニックが「ロビング」だ。

通常、相手の強打を台の近くで返すのはかなり難しいが、後ろに下がればボールが失速するので返球が容易になる。打ち方としては、面をやや上に向けておき、上方向にスイングし、山なりに飛ばすのが基本となる。連続写真はバックでのロビングだが、フォアでも同様に可能だ。

ロビングは相手のミスを誘うこともできるので、中・上級者ではロビングでしのぎつつ、得点を狙うこともできる。打球感覚を磨く練習にもなるので、初級者も遊び感覚でチャレンジしてみよう。

ちなみに同様のテクニックで、やや低めに返球する「フィッシュ」もあり、こちらは基本的にバックのみで使われる。

後陣から相手の強打を山なりに返球！

ロビング＆フィッシュのスペシャリストと言えば、水谷隼選手。世界最高峰の「しのぎ」で観客を魅了する

※写真は、平成25年度全日本選手権より

LESSON 3 ▶ 応用テクニック

コンビネーション

切り替え

●スムーズな切り替えがラリー戦のカギ

フォアハンドを打った後にバックハンド、バックハンドを打った後にフォアハンド、というように打法が切り替わることを「(フォアとバックの) 切り替え」と呼ぶ。切り替えはラリー能力を強化するうえで欠かせない要素だ。

たとえ練習でフォアハンド、バックハンドのラリーが続いたとしても、切り替えがスムーズにできない選手は実戦でのラリーになるとミスが出てしまう。だからこそ練習では、切り替えの重要性を理解し、フォアハンドとバックハンドを混ぜたメニューを行わなければならない（具体的な練習法はp.154〜155）。

切り替えを安定させるポイントのひとつは、戻りの早さ。打った後、振り終わりの体勢でボールの行方と相手の打球を見ている選手は、次球への準備が遅れてミスしやすい。打球後は、フォアとバックのどちらに来ても対応できる基本姿勢にすばやく戻り、次球に備えておこう。

[Applied Technique]

●フォアとバックでスタンスを変えない

切り替えをするうえで初級者が注意したいのが、フォアハンドとバックハンドでスタンスが変わってしまうケース。これだと速いラリーに対応するのが難しくなるので、基本的には常に左足前、もしくは平行足でフォアハンドとバックハンドを振れるようにしたい。

同じ！

違う…

両ハンド

フォアハンドとバックハンドを合わせて、「両ハンド」と呼び、切り替えも「両ハンドの切り替え」と言うことがある。「両ハンドドライブ型」と言えば、フォアもバックもドライブが振れるスタイルのこと。両手でラケットを振るわけではない

すばやく戻り

バックハンド

LESSON 3 ▶応用テクニック

コンビネーション
ツッツキ→ドライブ

●試合でも必須の王道コンビネーション

【技術A】と【技術B】を別々に練習し、それぞれでミスなく返球できるようになった人でも、「Aをして、次をBで返す」という連係になると、ミスが出てしまう。技術が切り替わった時にスイングにわずかな狂いが生じ、同じように振ったつもりでもミスになるのだ。

技術の完成度を上げるためには単体の練習だけではなく、他の技術と組み合わせたコンビネーションのメニューが必要となる。コンビネーションのバリエーションは様々だが、代表的な例としてまずチャレンジしたいのが「ツッツキからのドライブ」だ。

これは実戦でもよく使われる展開で、たとえば相手の下回転サービスをツッツキでレシーブし、相手がツッツキで返球してきたボールをドライブで攻めるパターンを想定した練習になる。

安定性を高めるために意識したいのが、戻りの早さ。ツッツキの後、すぐに基本姿勢に戻れば、余裕を持ってドライブに移ることができるが、戻りが遅いと慌ててしまい、ミスが出やすくなる。

同様に「ストップからのドライブ」も試合でよく見られる重要パターンなので練習しておこう。

バックツッツキ → 対下回転フォアドライブ

試合でも必須の王道コンビネーション

[Applied Technique]

対下→対上ドライブ
コンビネーション

● 予想以上に難しい!? ドライブの打ち分け

相手のツッツキに対し、対下回転ドライブで攻めて、次の相手のブロックに対し、対上回転ドライブでさらに攻める。このようなドライブでの連続攻撃は、試合でもよく使われるので、たくさん練習しておきたい。なぜならば、このコンビネーションは思った以上に難しいからだ。

対下回転ドライブと対上回転ドライブを交互に打つ練習を行うと、対下回転ではネットミス、対上回転ではオーバーミスになることが非常に多い。それぞれのドライブのスイングが互いに影響してしまい、いつもどおりのスイングができなくなってしまうからだ。

正確に打ち分けるためのポイントは、バックスイング。対下回転では下に引き、対上回転ではバックスイングは高めにとることを意識する。特に対上回転の時にバックスイングが下がってしまい、下から上に振ってオーバーミスするケースが多いので注意したい。

フォームを意識しながら繰り返し練習をすれば、次第にミスなく打球できるようになるはず。この打ち分けができるようになれば、ドライブの基本はマスターできたと言って良い。同様に「ドライブからのスマッシュ」もミスしやすいパターンなので練習しておこう。

対下回転フォアドライブ → 対上回転フォアドライブ

バックスイングの違いをチェック!

LESSON 3 ▶ 応用テクニック

コンビネーション
水谷のワザ　ストップ→シュートドライブ

●曲がるドライブで相手の死角を突く！

　トップ選手のハイレベルなコンビネーションプレーとして、水谷隼選手のフォアストップからのフォアシュートドライブ（横に曲がるドライブ／p.69囲み参照）を紹介しよう。

　相手のストップに対して、フォアストップで返球した水谷選手（写真①〜④）。ちなみにストップをストップで返すことを「ダブルストップ」と言う。

　相手はさらにストップで返球しているが、やや高く長くなったため（⑤〜⑥）、すかさずバックスイングをとって、フォアドライブで強打を放った（⑦〜⑫）。ストップ後にすぐに基本姿勢（⑥）に戻っているから、スムーズに攻撃動作に移れているのだ。

　ここで注目したいのが、水谷選手のフォアドライブテクニック。この打法は、ラケットを横方向にスライドさせつつ回転をかける「シュートドライブ」というテクニックで、打球は相手のフォア側に大きく曲がって入る。コースも相手から遠いフォア側を狙っており、非常に得点力の高いドライブ攻撃なのだ。

LESSON 3 ▶ 応用テクニック

コンビネーション

サービスからの3球目攻撃

●勝敗を分けるカギとなる超重要パターン

　試合において最も重要な得点パターン、それが「サービスからの3球目攻撃」だ。3球目とは、サービス（1球目）を出し、相手のレシーブ（2球目）に対する打球のことを指す。サービスでチャンスを作って、3球目で得点を狙う。これもコンビネーションのひとつとして、しっかりと練習していきたい。

　3球目攻撃の基本となるのはドライブやスマッシュだが、どんなレシーブに対して攻撃を仕掛けるのかによって打法は変わってくる。レシーブでツッツキをさせて、対下回転ドライブで攻めるのか。上回転のロングサービスを出して、相手のバックハンドに対してスマッシュをするのか。短いレシーブに対してフリック強打という方法もある。

　下連続写真は、張本智和選手の横下回転サービスからの3球目フォアドライブ（2017年世界選手権より）。相手のツッツキレシーブは短い返球となり、強打が難しい場面だったが、体勢を低くしつつ前方にラケットを振り抜き、ドライブを放った。

[Applied Technique]

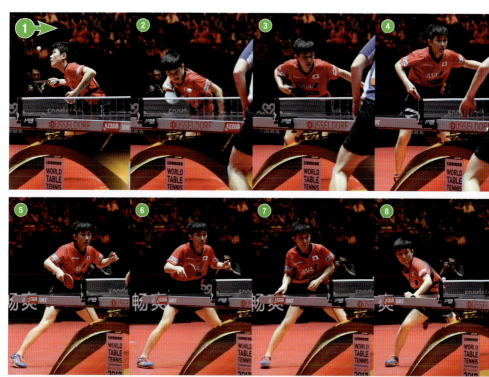

LESSON 3 ▶ 応用テクニック

勝ちたければサービスを磨け！

　試合で勝つために最も大切なテクニックはいったい何だろうか？　それはサービスだ。得点に結びつく効果的なサービスを出せるかどうかが、試合の勝敗を左右する最大のポイントとなる。

　なぜならばサービスはすべてのラリーのスタートであり、サービスが良いか悪いかで、その後のラリー展開が自分に有利になるのか、不利になるのかが決まるからだ。たとえ強力なドライブを身につけたとしても、サービスが悪くてはそもそもドライブを打つチャンスを作り出すことはできない。

　そしてサービスは、唯一相手に影響されない技術で、自分の思いどおりに出すことができ、工夫すれば思いどおりのラリー展開にすることができる。つまり練習すればするほど、試合での得点力に直結していく技術がサービスなのだ。

　試合に勝ちたい人は、とにかくサービスを練習しよう。それが勝利への近道であり、強くなるために不可欠な要素だ。

LESSON 4

[Chop & Long Pimple's Technique]
カット&粒高テクニック

卓球には戦型や用具に特化したテクニックもある。その例として、カットマンの技術、粒高ラバーの技術を学んでいこう。

LESSON 4 ▶ カット&粒高テクニック

カットマンとは？

●後陣で強打をしのぐ守備のスペシャリスト

「カット」とは、ドライブなどの上回転系のボールに対し、下回転をかけて打ち返すテクニック。台から距離をとって、相手の攻撃に対して守備的に使われることが多い。

このカットを主軸にして戦うプレースタイルが「カットマン」「カット主戦型」であり、卓球における戦型のひとつだ。

カットマンの魅力はなんと言っても、後陣での粘り強いプレー。相手の強打をカットで何本も拾い続け、観客を魅了する。気になる人は、インターネットでカットマンの動画を検索して見てみよう。そのカッコ良さがわかるはずだ。そして、カットマンになってみたいと思ったら、ぜひチャレンジしてみよう。

【カット】がもっとわかる
オススメDVD >> p.207

日本代表として活躍する村松雄斗選手。攻撃的なプレーも得意とする、世界トップレベルのカットマンだ

[Chop & Long Pimple's Technique]

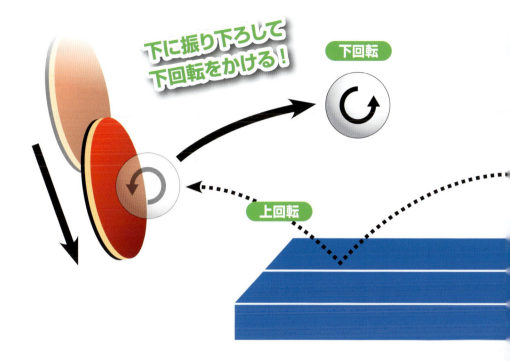

●カットマンのポジショニング

カットマンは卓球台から離れた距離で戦うのが基本となる。だいたい1.5〜2mくらい距離をとる選手が一般的だ。

台に近すぎるとカットでの返球が難しくなり、台から離れすぎると短い返球への対応が厳しくなる。

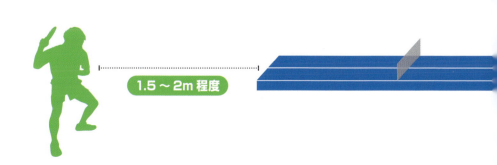

LESSON 4 ▶ カット&粒高テクニック

フォアカット

●ラケットを振り上げ、ひじを支点に振り下ろす

　フォア側のボールに対するカットが「フォアカット」。

　台から1.5mほど離れた位置に立って、ラケットは高めの位置で構える。ボールが来たら、ラケットを上後方に引きつつ、右足を小さく下げて、バックスイングをとる。そして、ボールを体の横までしっかりと引きつけたら、ひじを支点にしてラケットを振り下ろして打球。腕のスイングと同時に、右足から左足へ重心を移動させることが大切だ。

　打球直後は、振り下ろした位置でラケットを止めず、スイングの勢いを利用しながら基本姿勢&立ち位置に戻る。これが一連の基本スイングだ。

　肩を使わずにひじを支点に振ったほうがスイングがブレずに安定する。また、打球後の戻りも早くなるので、初級カットマンはひじ支点を基本としよう。

　打球ポイントが体から離れるとカットが安定しなくなるので、遠くにボールが来た時は右足を出して、体をボールに近づけて打球することを心がけたい。

③ 上後方にバックスイング

⑥　⑦

[Chop & Long Pimple's Technique]

※解説・写真は「羽佳純子のカット教室」(卓球王国2014年8〜12月号／監修：羽佳純子) より抜粋 (モデル：白山遼)

基本の姿勢＆立ち位置で待つ

ひじを支点にして

下に振り下ろす

重心を移動させつつ

スムーズに戻る

LESSON 4 ▶カット&粒高テクニック
フォアカット

●フォアカットは左足前が基本

フォアカットの時は、左足前のスタンスが基本。このほうが体の右側にスイングスペースを作れるので、体が使いやすく、ボールの威力を吸収しやすいからだ。

構えの時は平行足（スタンスがエンドラインと平行）で待ち、フォアにボールが来たら、左足→右足の順で足を下げて、左足前のスタンスを作る。

また左足のつま先を打球方向に向けるのもポイントだ。

●縦に振って、ボールの後ろ側をこする

カットは上から下に切り下ろし、ボールの後方をこすって回転をかける（左下図）。ボールの底をとらえる打ち方は強く下回転をかけやすいが、返球が高く浮いてしまうので注意が必要（右下図）。

ただし、低い位置で打球する時などは、ボールの底をとらえたほうが返球しやすいので、状況に応じて最適なボールのとらえ方ができるようにしていきたい。

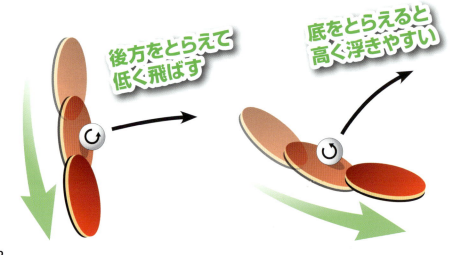

[Chop & Long Pimple's Technique]

カットマンに攻撃力は必要ない？

ひと昔前は「カットマンは攻撃をしなくて良いから、とにかく後ろで粘り切れ！」という考え方が多かったが、現代では「カットマンも攻撃するべき」という考えが主流になっている。

その理由としては、やはりカットで粘り切るだけではなかなか勝てないからだ。カットマンでも3球目攻撃は仕掛けるべきだし、カットでチャンスを作って攻めるパターンも必要。攻撃的なプレーで相手にプレッシャーを与えることで、カットもより効果を発揮する。

攻めても守っても得点できる強いカットマンを目指して練習しよう。

韓国のベテランカットマンの朱世赫（チュ・セヒュク）選手。猛烈な回転量のカットに加え、ダイナミックなドライブも武器。03年の世界選手権で準優勝を果たしたカット界のレジェンドだ！

カットマンは「我慢強い人」に合う？

戦型を選ぶうえで、「我慢強い人はカットマンに向き、短気な人は向かない」という考え方がよく聞かれるが、実際はどうなのだろうか。

確かに、我慢強い人はじっくりとカットで粘るスタイルに向きそうではあるが、だからと言って短気な人がカットマンに向かないというわけではない。気が短い選手のほうが、ただ粘るだけではなく、カットで回転の変化をつけたり、攻撃をしたりと、よりアグレッシブになると言われる。そのような積極的なプレースタイルは相手としてもやりにくいので、「むしろ短気のほうがカットマンとして成功する」という意見も実はあるのだ。

LESSON 4 ▶カット&粒高テクニック

バックカット

●ひじを支点に前腕で下に振り下ろす

　「バックカット」のスイングのポイントは、フォアカットと同じだ。基本姿勢（ニュートラル）でボールを待ち、ボールが来たら右足→左足の順で足を引いて、右足前のスタンスを作る。同時にラケットは左上、自分の体の左横くらいに引く。左足から右足に重心を移動させつつ、ひじを支点にしてラケットを下に振り下ろし、ボールの後ろ側をこすって打球。打球後はスイングを止めず、スムーズに基本の構えに戻る。

　安定させるには、ひじ支点で前腕をメインに使うほうが良い。脇が開きすぎたり、ひじが極端に高くなったり、前に突き出したりしないよう注意しよう。

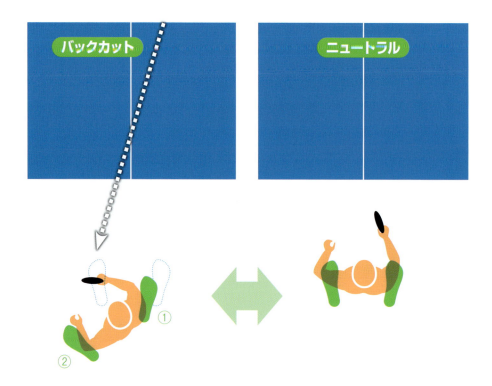

[Chop & Long Pimple's Technique]

基本の姿勢&立ち位置で待つ

顔の横に引き

下に振り下ろす

LESSON 4 ▶ カット&粒高テクニック

カットの切り替え

●ニュートラルへの戻りがポイント

　第3章でフォアハンドとバックハンドの切り替え(p.108〜109)を紹介したが、それと同様にカットマンにとってはフォアカットとバックカットのスムーズな切り替えが非常に重要だ。

　カットの切り替えでのポイントは、打球後に基本の立ち位置(ニュートラル)に戻るということ(詳しくはp.128)。足の動かし方も身につけて、常に同じリズムで打てるようにしていこう。

[Chop & Long Pimple's Technique]

LESSON 4 ▶カット&粒高テクニック
カットの切り替え

●足のステップも意識して練習しよう

　前述したようにカットの切り替えのポイントはしっかりとニュートラルに戻ること。その時、常に同じフットワークで動くことで動きの安定性がアップする。

　フォアカットの場合は、左足→右足の順で打球の体勢を作り、打球後は右足→左足の順でニュートラルに戻る。

　同様にバックカットは、右足→左足で打球体勢を作って、左足→右足で戻る。

　常にニュートラルに戻るクセをつけておけば、コースがランダムになっても、体勢が崩れずカットできるようになる。

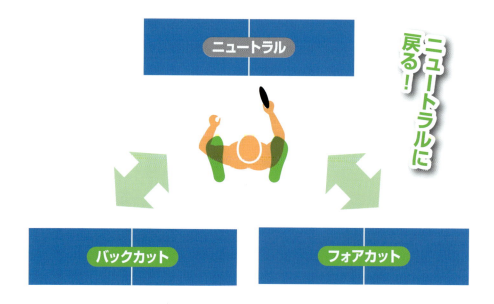

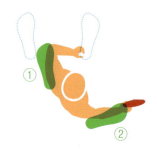

[Chop & Long Pimple's Technique]

カット対ドライブで目指せ10往復!

カットのスイングを覚えたら、実際にラリーが続くか挑戦してみよう。最初はドライブはゆっくり山なりで打ってもらい、それに対し10本連続でカットで返球することを目標にしよう。

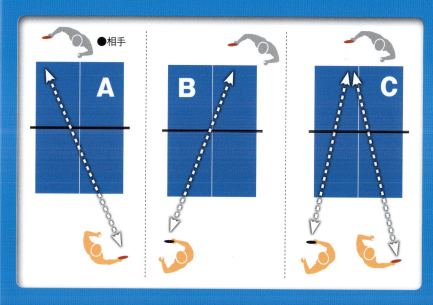

Ⓐ フォアカット対フォアドライブ
Ⓑ バックカット対フォアドライブ
Ⓒ フォアカット＆バックカット（交互）対フォアドライブ

以上のようなコースが決まった練習でしっかり返球できるようになったら、次はコースを決めないランダム練習にもチャレンジ。ランダムで返せるようになったら、実戦でも安定したカットができるようになるはずだ。

LESSON 4 ▶カット&粒高テクニック

カットマンのツッツキ

●打球点を落とし、しっかりと切る

カットマンは台から距離をとって構えるため、ツッツキも打球点を遅らせて打つのが基本となる。通常の打球点の早いツッツキだと、相手に攻撃された時に後

●フォアツッツキ

●バックツッツキ

[Chop & Long Pimple's Technique]

ろに下がってカットするのが難しくなるからだ。

カットマンのツッツキのポイントは、まずはしっかり下回転をかけること。そのため通常のツッツキよりもスイングは大きくなる。また、相手コート深く（エンドライン際）を狙うのがセオリー。しっかり回転をかけて、深い位置に返球することで、相手のドライブを防いだり、ミスを誘うことができる。

足は右足前が基本で、相手の返球が短い場合は、右足を前に出して体を近づけて打球しよう。

カットマンにとってツッツキは絶対にミスしてはいけない技術なので、安定性重視で確実に入れていきたい。

LESSON 4 ▶カット&粒高テクニック

ツッツキ&カットの前後FW（フットワーク）

●前後の揺さぶりに対応するフットワーク

カットマンに必須のフットワークが、ツッツキとカットの連係をスムーズにするための前後のフットワークだ。

実戦でも、相手が長い返球と短い返球を混ぜて前後に揺さぶってくる展開もよくあるので、しっかりと対応できるようにしていきたい。

ここでも切り替えと同様に、ニュートラルへの戻りと足のステップが重要になってくる（詳しくはp.134）

[Chop & Long Pimple's Technique]

LESSON 4 ▶ カット&粒高テクニック
ツッツキ&カットの前後FW

●フォアカットは左足前が基本

ツッツキとカットの連係を覚えるために、まずはフォアツッツキ⇔フォアカット（繰り返し）、バックツッツキ⇔バックカット（繰り返し）というパターンで練習を行う。

ニュートラルから、前にステップしてツッツキ→ニュートラルに戻り→後ろにステップしてカット→ニュートラルに戻り→……というように、1回打球するごとにニュートラルに戻ることが重要。

この練習では来るコースがわかっているが、試合では相手の返球がフォアに来るか、バックに来るかわからない。フォアとバックのどちらに来ても対応できるようにニュートラルへ戻るクセをつけてしまおう（足のステップの順番は下図を参照）。

足の動きの基本がしっかりできていれば、どのボールに対してもスムーズに動くことができ、打球が安定する。初級者は腕の動きばかり気にしてしまうが、足の動きも注意が必要なのだ。

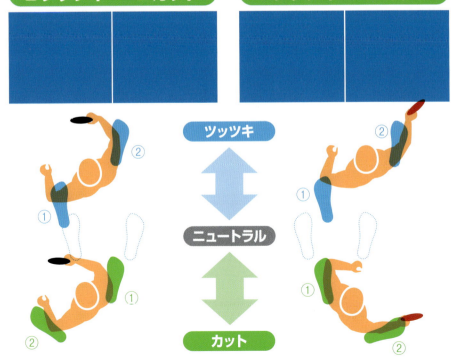

[Chop & Long Pimple's Technique]

● Bツッツキからの Fカット、ななめの FW

前後の動きの応用として、ななめの動きも行おう。バックツッツキ←→フォアカット（左下）、フォアツッツキ←→バックカット（右下）の展開だ。

カット、ツッツキ、そしてカットとツッツキの切り替えを覚えれば、カットマンの基本は OK。あとはミスなく続けられるように精度を高めていこう。

Bツッツキ ←→ Fカット

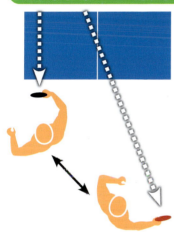

Fツッツキ ←→ Bカット

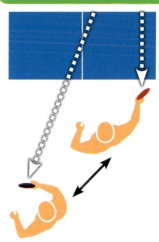

バック面は粒高が良いのか？

　カットマンはバック面に粒高ラバーを貼る選手が多い。相手に強いドライブを打たれた時、裏ソフトよりも粒高のほうが返球しやすく、当てるだけでも回転がかかるなどのメリットがあるからだ（裏ソフトは回転の影響を受けやすいので、強い回転に負けてしまうことがある）。

　ただし粒高には「攻撃しにくい」「慣れるまでは扱いが難しい」などのデメリットもあるので注意が必要だ。トップ選手の中にもバック面裏ソフトのカットマンはいるし、中国選手の場合は表ソフトを使う選手が多い。

　初級者の場合は、まずは裏ソフトでスタートして、回転をかける感覚をつかんでから、粒高にするほうが良いという意見もある。

LESSON 4 ▶ カット&粒高テクニック

粒高ラバーとは？

●粒が細長い「粒高」はどんなラバーなのか

ラバーの種類のひとつに「粒高」がある。表面に粒が並ぶラバーだが、似たタイプの表ソフトと比較すると、粒形状が細長いのが特徴であり（右写真）、名前の由来でもある。

この粒高ラバーは、性質が他のラバーと大きく異なり、そのため打法も変わってくる。

粒高はどんなラバーなのか。どういう打法があるのだろうか。「いやらしさが武器」と言われる、粒高の魅力を紹介していこう。

●回転がそのまま残って返球される

粒高ラバーの大きな特徴は、「回転がそのまま残って返球される」という点だ。少しわかりにくいと思うので、裏ソフトラバーと比較しながら、具体的な例を用いて説明しよう。

「上回転」のボール（ドライブなど）に対し、裏ソフトで通常のブロックをすると、ボールは「上回転」になって飛んでいく。実際のボールの回転方向としては、打球の瞬間にラバーに食い込み、"引きつれ"という現象によって回転の向きが変わっている（右ページ左下）。

表現としては、「上回転を上回転で返す」となるが、実際にはボールの回転方向は打った瞬間に反転しているのだ。同様に、ツッツキをツッツキで返す時も、引きつれによって下回転が下回転になって返っていく。これが裏ソフトにおける一般的な返球の仕組み。

一方、粒高で打球をした場合、表面の粒が倒れてボールがスリップをする。引きつれによる回転の反転がなく、そのままの回転で飛んでいく。返球されたボールは下回転。つまり、回転がそのまま残ることで「上回転を下回転で返す」ことになる。

同様に、ツッツキに対し裏ソフトで返球をすると下回転で返るが、粒高でただ当てるだけの返球だと下回転にはならず、弱い上回転やナックル（無回転）になる（粒高で下回転にすることも可能）。

わかりやすく言えば、粒高で返球したボールは通常とは逆の回転になるため相手が嫌がる、ということ。これが粒高の特性、武器であり、いやらしさの理由というわけだ。

[Chop & Long Pimple's Technique]

裏ソフトでの返球 / 粒高での返球

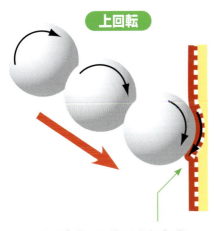

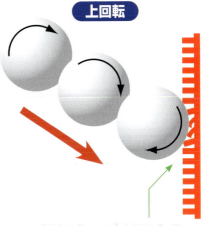

「引きつれ」により回転の"向きが変わる"

「スリップ」により回転が"残る"

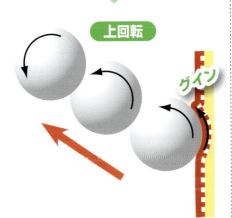

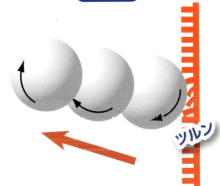

ここが粒高の武器!

回転が逆になるので相手のミスを誘える!

LESSON **4** ▶ カット＆粒高テクニック

ペンのバックブロック

●回転が逆になり、短く飛ぶ粒高のブロック

　粒高の基本のひとつが「ブロック」。p.104〜105でも紹介した相手の強打を確実に返すための守りのテクニックであり、特にペン粒高攻守型は必ず身につけたい。

　粒高でのブロックは、裏ソフトにはないメリットがあり、そのひとつが回転の変化だ。前ページでも紹介したように、ドライブに対して粒高でブロックをすると、スリップ効果によって返球は下回転となる。これで相手の連続攻撃を防いだり、ミスを誘ったりできるのだ。

　また粒高は、裏ソフトに比べて反発力が低いという特徴もあり、ボールが遠くに飛ばない。だから相手の強いボールも返しやすく、そして短く飛ぶため相手は連続してドライブ攻撃ができなくなる。

　つまり粒高でのブロックは、ただの守りのテクニックではなく、点を奪うためのテクニックなのだ。

【粒高技術】がもっとわかる
オススメDVD >> p.207

① ●バックカットブロック
② ラケットを上げてから

●「当てるだけ」から、より短くより強い下回転に

　初級のブロックは、ラケットは振らず、「当てるだけ」のスイングからスタート。体の前に面を正面に向けて構えて、最初は打球点も気にせずに打ってOK。

　当てるだけのブロックができるようになったら、さらなるステップアップとして、短く止める方法を覚えたい。ポイントは打球点の早さで、バウンド直後を打球する。この時もラケットを前に押し出さず、当てるだけで返球する。早い打球点で打てば、短い返球が可能で、これはストップ（p.98〜99）と同じ原理。

　そして、強く下回転をかける「カットブロック」（下連続写真）に発展させていこう。打球直前にラケットを胸の高さまで上げて、真下にスイングして打球。これにより、より強い下回転がかかり、強力なブロックとなる。

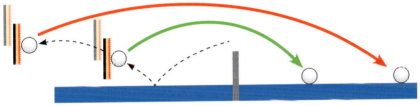

※解説・写真は「粒高 NEW GENERATION！」（卓球王国2012年11月号〜14年2月号／監修・モデル：新井卓将）より抜粋

LESSON 4 ▶カット&粒高テクニック

ペンのバックプッシュ

●下回転に対し、まっすぐ押し出す攻撃的打法

相手の下回転ボールに対して、裏ソフトの場合はツッキやドライブなどで返球する。粒高でもそれらの技術は可能だが、粒高独自の有効な打法として覚えたいのが「プッシュ」だ。

プッシュは、ボールに対しラケットをまっすぐ押し出すように当てる打法だ。下回転に対して、裏ソフトで同様の打ち方をすると、回転の影響を受けてネットミスになるが、粒高は回転の影響を受けにくく、押し出すだけで下回転を返すこ とができる。

打球面はほぼ正面で、ラケット角度は垂直となるが、相手の下回転が強い場合はやや上向きとなる。打球点は頂点から頂点後が理想で、しっかりと引きつけてから打つと良い。

このプッシュは、粒高による攻撃的な打法という位置づけ。ドライブなどに比べるとスピードはないが、返球がナックルや弱い上回転となるため、相手としては慣れていないと返しづらい。

●正面から

正面に向けて

[Chop & Long Pimple's Technique]

LESSON 4 ▶ カット&粒高テクニック

ペンのフォアブロック&プッシュ

●バックスイングはとらず、コンパクトに振る

上回転に対するブロック、下回転に対するプッシュという粒高の基本テクニックは、バックハンドだけではなく、フォアハンドでも身につけておこう。

① ●フォアブロック ②

ラケットを
セッティングし

① ●フォアプッシュ ②

ラケットを
セッティングし

[Chop & Long Pimple's Technique]

スイングのポイントはバックハンドの時とおなじ。ブロックは前に押し出さず、早い打球点でとらえる。そしてプッシュはやや打球点を遅らせて、ラケットを前方に押し出して打球する。

どちらも大きくバックスイングはとらず、ボールが来たら打球するポイントの近くにラケットを構えておき、そこから止めたり、押したりする。

ここまでブロックとプッシュを紹介したが、もちろん粒高でもスマッシュやドライブ、ツッツキなど他のテクニックを使うことは可能だ。粒高ゆえの難しさはあるが、使いこなせば大きな武器になるので、いろいろな技術にチャレンジしてみると良いだろう。

当てるだけ！

前に押し出す！

LESSON 4 ▶カット&粒高テクニック

シェークのブロック&プッシュ

●シェークもスイングの基本はペンと同じ

シェークでバック面に粒高を貼る異質攻守型も、ブロックやプッシュなどの基本的なテクニックは身につけておく必要がある。

●バックカットブロック

●バックプッシュ

[Chop & Long Pimple's Technique]

※写真は『卓球王国』本誌記事より抜粋(モデル:福岡春菜)

下の連続写真は、世界選手権やオリンピックで日本代表として活躍した福岡春菜選手のプレー。

カットブロックではラケットをほぼ垂直に立てた状態でやや高めに構え、そこからほぼ真下にスイングし、下回転をかけている。

プッシュでは若干上向きのラケット角度を作り、まっすぐ前方へスイング。力は入れず、リラックスして打球している。

ペンでもシェークでもプッシュは強く押しすぎないことがポイントだ。スピードを出そうとするとミスする確率が高くなるし、むしろゆっくりめのボールのほうが回転に変化がついて相手が取りにくくなるというメリットがある。

上から下に切り下ろす!

前に押す!

LESSON 4 ▶ カット&粒高テクニック

コラム ★★★
自由な発想でプレーしよう！

すでに紹介してきたように、卓球には様々な戦型（プレースタイル）があり、それが面白さ、奥深さになっている。

同じ戦型でもタイプはいろいろで、たとえばカットマンと言っても、とにかくカットで粘るタイプもいれば、回転の変化をつけて相手のミスを誘うタイプ、積極的に攻撃を仕掛ける選手もいる。使うラケット・ラバーも選手によって違う。世界のトップレベルには、バックはカットで返すが、フォアでは一切カットはせず常にドライブ攻撃という、「半分カットマン・半分ドライブ型」のような選手もいる。

戦型はあくまで大まかな"くくり"であって、プレーは自由でOKだ。ドライブ型だからドライブを打たなければならない、カットマンだからカットで粘らないといけない、なんてことはない。自由な発想を持ち、自分の目指すプレーをすれば、それがアナタだけの戦型となり、強みになっていくはずだ。

戦型選びに悩んでいる人もいるかもしれないが、基本的には「どんなプレーをしている時が気持ち良いか」で考えて、まずは楽しみながら卓球をしよう。

フォアはドライブ、バックはカットスタイルの代表格・ギオニス選手（ギリシャ）

LESSON 5

[Basic Practice]
基本の練習法

強くなれるかどうか、上達のカギは練習にあり！様々なテクニックを身につけ、レベルアップさせるための基本的な練習法、練習のポイントを紹介する。

LESSON 5 ▶ 基本の練習法

コースに関する基本用語

クロス
台に対して対角線上のコース

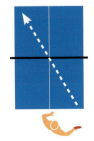
自分のフォアサイドで打つのが「フォアクロス」

自分のバックサイドで打つのが「バッククロス」

ストレート
台のサイドラインに平行なコース

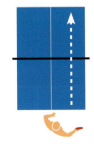
自分のフォアサイドで打つのが「フォアストレート」

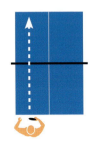
自分のバックサイドで打つのが「バックストレート」

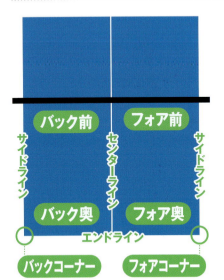

フォア側のネット際が「フォア前」、エンドライン側が「フォア奥」、台の角が「フォアコーナー」。同様にバック側は「バック前」「バック奥」「バックコーナー」（左利きの選手の場合は左右が逆になる）

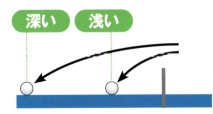

エンドライン近くに来るボールが「深い（返球）」。ネットの近く（台の中央）に来ると「浅い（返球）」

ハーフロング

相手のコート上で2バウンドするかしないかの長さを表す言葉。相手は攻撃するかどうか迷うので返球しづらく、中・上級者は意図的にこのようなボールを送る

[Basic Practice]

ワンコースで基本練習

●ワンコースで打ち合い基本を身につける

| ワンコース |
| お互いに打つ方向を変えず、一定のコースで打つ |

| ランダム |
| お互いに打つ方向は自由で、コースが不規則に変わる |

| オール |
| 試合形式でお互いに自由に打ち合うこと |

　新しくテクニックを身につける時は、とにかく"反復練習"（同じことを繰り返す練習）をたくさん行うのがベスト。練習法としては、まずは同じコースで打つ"ワンコース練習"となる。

　ここからは例として「フォアハンドの強化」をテーマに具体的な練習メニューを紹介。他のテクニックの強化でも、練習のポイントやステップアップの方法は同じと考えてOKだ。

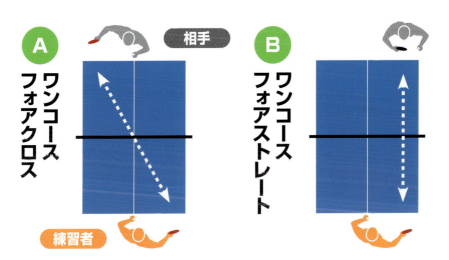

A ワンコースフォアクロス　相手／練習者

B ワンコースフォアストレート

　フォアハンドでの最も基本的な練習が、フォアクロスでのワンコース練習（A）。まずはこれで安定してラリーが続くことを目標に練習する。

　他のバリエーションとして、フォアストレートでのラリー（B）や、バック側に立ってバッククロスなどもあるので、いろいろなコースでやってみよう。

LESSON 5 ▶ 基本の練習法
コースの打ち分け

●狙ったコースに返球できるように！

ワンコースで打てるようなったら、次は相手のフォアサイドとバックサイドに交互に返球する、コースの打ち分け練習（C）に挑戦だ。

ボールはゆっくりで良いので、ラケットの向きを意識しながら、狙ったところに打ち返せるようにしていく。ステップアップ練習として、台の中央（センター）への返球も入れて、3点の打ち分けもやってみよう。

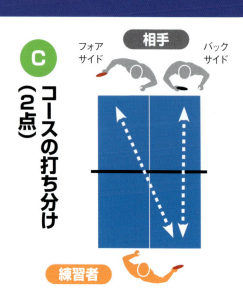

C コースの打ち分け（2点）

●長さや高さもコントロールしよう！

コースの打ち分けと同様に、長短や高低の打ち分けもオススメだ。

フォアハンドで打ち返しながら、相手のコートの深くと浅くを交互に狙ったり、通常の低めの返球と高めの山なりの返球を交互に行う。

このようにして、ボールの飛ばし方を1球1球変える練習を行うことで、コントロール能力がさらに高まり、実際のラリーでも安定して返せるようになる。

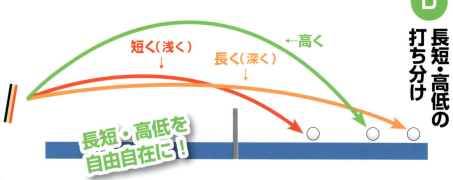

D 長短・高低の打ち分け

[Basic Practice]

ワンコース練習の やりすぎに要注意!?

基本練習ということで、フォア対フォアのワンコース練習を何十分もやり続ける人も少なくない。しかし、それはあまりオススメしない練習だ。

ワンコースの練習ばかりやり続けると、そのコースでしか打てない柔軟性のないスイングになってしまう危険性があるからだ。

練習効果も決して高いとは言えない。ワンコースの練習はほどほどにして、左ページで紹介したようなコースの打ち分けに取り組んでいこう。

また、基本練習ばかりやる人は、コースの打ち分けなどの少し難しい練習は、「ワンコース練習が完璧にできるようになってから!」と考えてしまうのだが、それも良くない。

難しい練習にどんどんチャレンジしたほうが、新しい感覚を覚えて、結果的には上達スピードは早くなるのだ。確かに卓球は基本が大事だが、だからといってメニューが単調なものにならないよう、初歩の練習は工夫が必要だ。

◎難しい練習にも挑戦し、打球感覚を磨こう!

LESSON 5 ▶ 基本の練習法

フットワーク練習

●フットワークを組み合わせた基本メニュー

ボールのコントロール能力が高まってきたら、打つ位置を変えながら返球する「フットワーク練習」を行う。

例として、以下に2種類の基本的な練習を紹介。ミスなく続くようになったら、より速いテンポで打ったり、動く幅を広くしたりと、練習の負荷を高めて行うと効果アップだ。

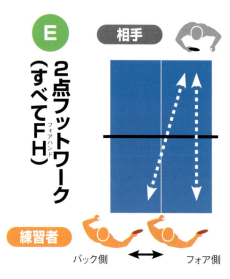

E　2点フットワーク（すべてFH）

フォア側とバック側の2点に返球してもらい、左右のフットワークを使いながらフォアハンドで返球する

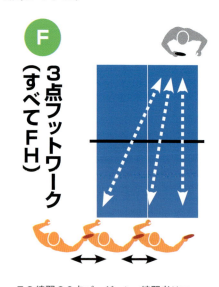

F　3点フットワーク（すべてFH）

Eの練習の3点バージョン。練習者はフォア→ミドル→バック→ミドル→フォア（繰り返し）と動きながらフォアハンドで返球

※練習相手はフォアハンド、バックハンドどちらでもOK

[Basic Practice]

●グルグル動き回る 2人フットワーク練習

2人同時にフットワークを強化できる、初級者向けの練習。相手にフォア→ミドルの順で返球してもらい、それを練習者はフォアハンドで返球。2回打ったらすぐに後ろに下がり、もうひとりの練習者がフォア側に来て、同様に2回打球。2人でグルグル回りながら、打球することになる。

逆回りにしたり、コースを3点にしたり、3人で行うことも可能だ。

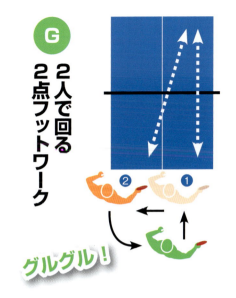

G 2人で回る2点フットワーク

グルグル！

《 フットワークの相手役も重要な練習だ！ 》

「フットワーク練習」というと、動いて打つ側の選手が「主役」というイメージだが、実は相手役にとってもすごく良い練習になる。一定のコースに正確に打ち分けなければならないので、「コースの打ち分け練習」になるのだ。そういう意識があると、フットワーク練習の相手役をやる時のモチベーションが高まり、相手役としての練習の効果も上がる。

間違っても、相手役だからと言って気を抜いてはいけない。どんな練習でも打球している時は常に「自分のための練習だ！」と思うことが大切なのだ。

こんな態度で練習してはダメだぞ！

LESSON 5 ▶ 基本の練習法

両ハンドで打とう

●試合に向けて欠かせない両ハンド強化

　フォアハンドとバックハンドのそれぞれでラリーが続くようになったら、次は2つを組み合わせた「両ハンド練習」（フォアとバックの切り替え練習）を行いたい。

　最も基本的なものは、左右に来るボールに対し、フォアハンドとバックハンドを交互に打つ練習だ（下図H）。

　試合では常にフォアハンド＆バックハンドの「両ハンド」のラリーが基本と

なる。フォアハンドだけ、バックハンドだけの練習メニューはほどほどにして、このページで紹介するような両ハンドの練習をたくさん行うことが大切だ。

　ラリーになるとミスが多い人は、ワンコース練習ばかりで、両ハンド練習や次ページのランダム練習が少ないのが原因かもしれない。練習法を見直して、改善していこう。

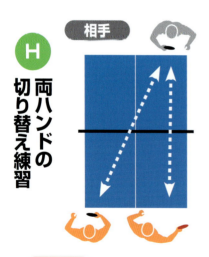

H 両ハンドの切り替え練習

練習者：相手にフォア側とバック側に返球してもらい、それぞれフォアハンドとバックハンドで返球

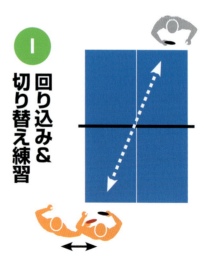

I 回り込み＆切り替え練習

相手にバック側のみに返球してもらい、バックハンドと回り込んでのフォアハンドを交互に行う。切り替えと回り込みフットワークの強化を組み合わせた練習

[Basic Practice]

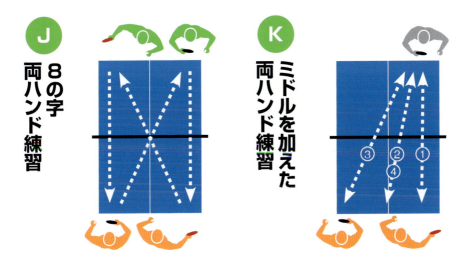

J　8の字両ハンド練習

一方の選手はクロス、もう一方はストレートへの返球で、お互いにフォアハンドとバックハンドを交互に打ち合う。5～10分で区切って、ストレートとクロスを交代

K　ミドルを加えた両ハンド練習

相手にフォア→ミドル→バック→ミドル→フォア（繰り返し）で返球してもらい、両ハンドで返球。ミドルでの打球はフォアハンド、バックハンドどちらでもOK

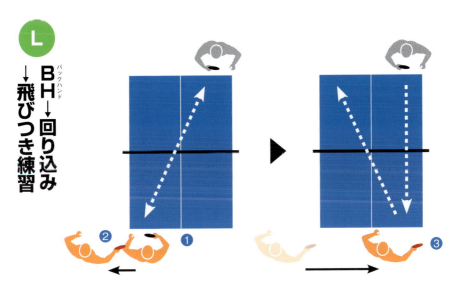

L　BH→回り込み→飛びつき練習

相手にバック側に2本、フォア側に1本で返球してもらい、①バックハンド②回り込みフォアハンド③飛びつきフォアハンドで返球。実戦的なラリー展開を想定した練習で、昔から知られる両ハンド練習の代表格

LESSON 5 ▶ 基本の練習法

ランダムに挑戦！

●コースを不規則にしてより実戦的に！

卓球の試合では、どこにボールが来るのかわからないので、コースが不規則なボールに対する「ランダム練習」が非常に大切。この練習はすばやい反応を身につけるのに最適である。

早いラリーだとなかなか返球できないので、まずはゆっくりのラリーでのランダムに挑戦し、徐々にラリーのスピードを上げていこう。

またランダム練習では、フットワークも大切。足をべったりと床につけて打つのではなく、なるべくボールが来た位置に足を動かしてから打つ意識を持つようにしよう。

M フォア半面ランダムFH（フォアハンド）

フォア側半面（台の右半分）の範囲にランダムに返球してもらい、それをすべてフォアハンドで打球する

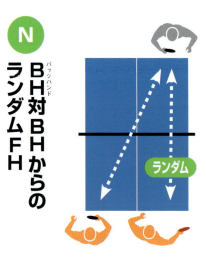

N BH（バックハンド）対BHからのランダムFH

バックハンド対バックハンドのワンコース練習の中で、たまにフォア側に返球してもらい、それをフォアハンドで打球する

[Basic Practice]

O 全面両ハンド対バック

相手にバックハンドで全面に返球してもらい、両ハンドで打球

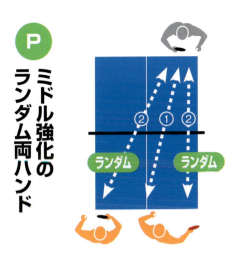

P ミドル強化のランダム両ハンド

①ミドル（センター）②フォアサイドかバックサイドどちらかランダムの交互。ミドルはフォアハンドかバックハンド、どちらか打ちやすいほうで対応

基本から実戦へ！練習をステップアップ

ここまで基本打法のフォアハンドの強化を軸にして、練習メニューを紹介してきたが、バックハンド強化でもツッツキ強化でも考え方は同じだ。まずはシンプルな基本練習からスタートし、フットワークやランダムの要素を加えて、徐々に実戦的にしていくことで技術力をアップさせて、試合で使えるレベルにしていこう。

基本練習
→ 打ち分け / フットワーク / 両ハンド / ランダム →
実戦的練習

LESSON 5 ▶ 基本の練習法

多球練習とは？

● 短時間でたくさん打てる、効率的練習法

　初級者にオススメの練習法に「多球練習」というものがある。たくさんのボールを用意して、送球役の人（送球者）がボールを手にとって練習者のコートに連続してボールを打ち、練習者が打ち返すというもの。野球で言う「ノック練習」のようなものだ。

　多球練習は、たとえ練習者がミスをしても、止まらずにボールが送られるので、たくさん打球ができ、非常に効率が良いのが特徴。また一定のコースに送球をしてもらえば、初心者の基本練習としても効果的だ。

　部活動など、多球練習が可能な環境ならば、ぜひ取り入れてみよう！

送球者　　練習者
連続してボールを送り
連続で打球！
大量のボール

※写真は『卓球王国』本誌記事より抜粋
（モデル：張本宇／及川瑞基）

【多球練習】がもっとわかる
オススメDVD >> p.206

[Basic Practice]

球出しの方法

基本的な送球（球出し）の方法を紹介。まずボールをつかんだら、一度台にバウンドさせて、フォアハンドで打球する。

慣れてきたら下回転など、回転をかけた送球にもチャレンジしてみよう。実は送球役も結構良い練習になるのだ！

対下回転ドライブは多球練習で鍛えよう！

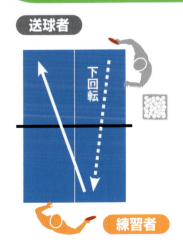

　ほとんどの初級者がつまずくテクニック「対下回転フォアドライブ・バックドライブ」は、連続してたくさん打てる多球練習がオススメだ。

　練習法はシンプルに、送球者に下回転ボールを一定のコースに出してもらい、それをドライブで返球する。「何本中何本成功したか」数えながらやると、練習効果もアップする。

　ステップアップした練習として、フットワークを組み込んだり、ランダム性を加えたりして、より試合に近づけた練習にしていくと良いだろう。

LESSON 5 ▶ 基本の練習法
サービス練習

●ひと工夫を入れて、練習効果をアップ

　試合でサービスミスをしないために、「サービス練習」をしっかりと行い、安定性を高めていこう。試合で使うサービスを繰り返し出すことがサービス練習の基本だが、ひと工夫入れることで練習の効果はアップする。
　たとえば、狙った場所にラケットなどを置いて「3本連続で当てる！」という目標を立てて練習を行う（Q）。

　ロングサービスの練習では第1バウンドが常に手前に来るようにタオルを置いて、狙いを明確にする練習も良い（R）。
　サービス練習は相手がいなくてもできる練習なので、チームでの練習が始まる直前や休憩時間など、うまく時間を見つけてちょっとずつ練習すると上達も早まるはずだ。

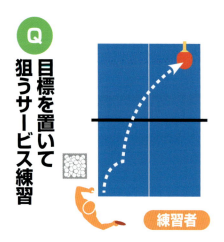

Q 目標を置いて狙うサービス練習

出そうとする場所に目印を置いて、それを狙う練習。ラケットを置いておくと、当たった時のはね返り具合で回転がかかったかどうかもわかるのでオススメだ

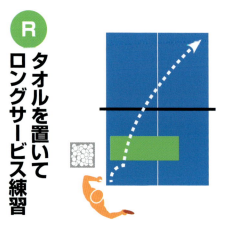

R タオルを置いてロングサービス練習

エンドラインから30cmくらいのスペースを空けてタオルを配置。第1バウンドが手前のスペースに落ちるようにロングサービスを出す

[Basic Practice]

レシーブ練習

●まずはシンプルな練習からスタート

うまく返球できないサービスがある場合は、相手にそのサービスを繰り返し出してもらい、それを打ち返す「レシーブ練習」を行おう。

上達のステップとしては、まずは一定のコースに同じサービスを出してもらいレシーブをする（S）。普段の構えの位置から動き出すようにしよう。

返し方がわかってきたら、同じ回転のサービスをコースを変えながら出してもらう（T）。ボールの位置に合わせて、足を動かすことも大切だ。

最後は、違う回転のサービスも混ぜてランダムで出してもらい、実戦に近い形でレシーブをする（U）。

このようなステップで、苦手なサービスをひとつずつ克服していけば、様々なサービスを返せるようになっていく。

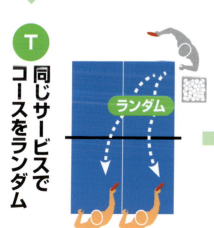

LESSON 5 ▶ 基本の練習法

3球目を強化しよう！

● 実戦で使うパターンを繰り返し練習

　3球目攻撃（p.114〜115）の練習法はシンプルで、実際に試合で使うサービスを出して、相手にレシーブをしてもらい、それを強打するという練習がベストだ。

　たとえ基本練習では正確に打てたとしても、実戦での相手の返球の飛び方、回転量は練習とは違う。自分のサービスに対して、どれくらいの回転のレシーブが来るのか、自分自身で慣れるためにも、このような練習が不可欠だ。

　さらにステップアップして、相手に3球目攻撃をブロックで返してもらい、次で強打する、3球目・5球目練習もあるのでやってみると良い。

　練習として7球目、9球目と続けることも可能だが、実際のラリーではそこまでラリーが続くことは少ないので、3・5球目の練習をやれば十分だろう。

下回転SV →対下回転FD →対上回転FD

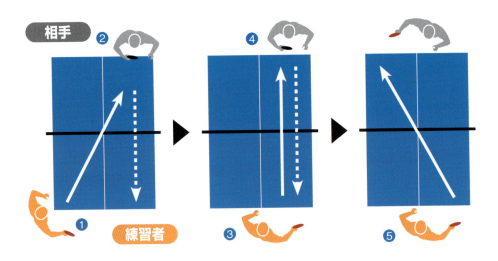

サービスからの3・5球目攻撃練習の一例。①フォア下回転サービスを出す②相手がバックツッツキレシーブ③ストレートに対下回転フォアドライブ④相手がブロックで返球⑤クロスに対上回転フォアドライブ

[Basic Practice]

●レシーブをランダムにして実戦的に！

3球目をより実戦的にするために、次のステップとして相手のレシーブをランダムにしてもらおう。

下回転サービスを出して、相手にツッキでフォア側とバック側に返球してもらい、フォア側はフォアドライブ、バック側はバックドライブで打ち返す。

他の練習と同じように、3球目攻撃の強化でも、まずはワンコースで基本パターンの反復練習、次にランダム練習で試合で役立つ対応力を磨くようにすれば、着実に上達することができる。

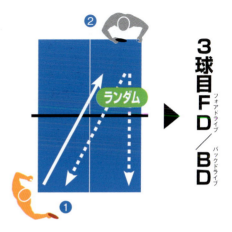

3球目FD／BD フォアドライブ／バックドライブ

●レシーブからの4球目にもチャレンジ！

サービスからの3球目攻撃とともに重要な得点パターンとして、「レシーブからの4球目攻撃」がある。これは、レシーブで相手の3球目攻撃を防いだうえで、自分の4球目で攻撃を仕掛ける展開だ。

これも3球目と同じような練習で強化していくと良い。コースの決まった具体的なパターンで、レシーブ＆4球目攻撃を繰り返し行うのだ。

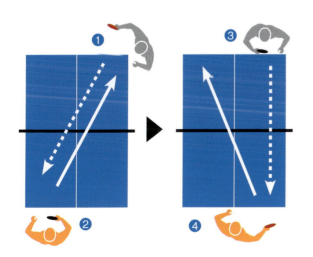

バックツッツキ→フォアドライブ

レシーブからの4球目攻撃練習の一例。①相手が下回転サービス②クロスにバックツッツキレシーブ③相手がストレートにツッツキ④対下回転フォアドライブ

LESSON 5 ▶ 基本の練習法

"脱・初級者"メニュー

●中級者向けのハイレベルな練習

　ひととおりの基本技術ができるようになった中級者はどのような練習メニューをしているのだろうか。少しハイレベルな練習メニューを紹介しよう。これができるようになれば脱・初級者だ！

●中級者の基本・フォアドライブ連打

　中級者になると、試合の中で基本打法の（強く回転をかけない）フォアハンドを使うことは少なくなり、フォア側に来たボールに対しては、フォアドライブで上回転をかけて返球することが基本となっていく。

　その基本練習が、相手のブロックに対して連続してフォアドライブを打ち続ける、フォアドライブ連打。さらにステップアップすると、フットワーク練習や切り替え練習などでも、ドライブで返球するようになっていく。

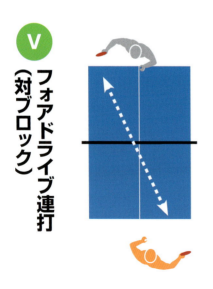

V フォアドライブ連打（対ブロック）

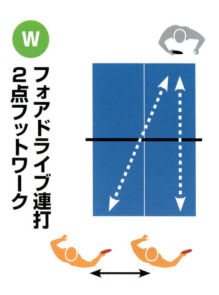

W フォアドライブ連打 2点フットワーク

●相手の3球目攻撃を両ハンドでブロック

レベルが高くなってくると、「相手に攻めさせない」のが難しくなってくるので、「打たれてもブロックで返せる」ことが重要になってくる。

右は相手の3球目フォアドライブをブロックする練習で、打つコースをランダムにすることでより実戦的なメニューになっている。

ちなみに、前ページのドライブ連打は、相手役になればブロックの基本練習になる。ブロックが苦手な人はまずこの練習で感覚を磨いていこう。

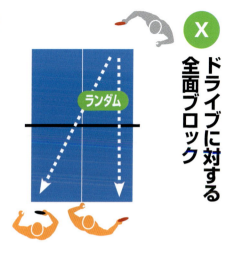

ドライブに対する全面ブロック

相手がサービスからの3球目フォアドライブをして（コースはランダム）、練習者はブロックで返球。その後はオール（試合形式のラリー）

●ハイレベルなシステム練習

実戦のラリー展開を想定して、様々なテクニックのコンビネーションを鍛えるのが「システム練習」。

たとえば、フォア前ストップ→対下回転バックドライブ→回り込みフォアドライブ→飛びつきフォアドライブ、というような形だ（下図）。

相手役もミスできないので、両方にとって良い練習になる。ただし、難しい場合は、多球練習でやると良いだろう。

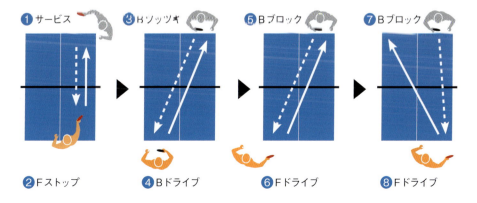

LESSON 5 ▶ 基本の練習法
ゲーム練習

●試合形式の練習で腕前をチェックしよう！

練習として、試合形式のラリーをしたり、実際に点数を数えて試合をすることを「ゲーム練習」と言う。練習は、試合で勝つために行うものなので、ゲーム練習を行い、身につけた技術が実戦で使えるかどうか、他の課題は何かを確認していこう。

ゲーム練習もいろいろな工夫を入れることで練習の効果も変わるので、いくつか例を紹介しよう。

ゲーム練習で実力試し！

○○限定マッチ

技術や状況などを限定して行うゲーム練習が「限定マッチ」（※マッチは試合という意味）。

ツッツキ限定やショートサービス限定など、テクニックを限定させることで特定の技術の強化練習として効果的なゲーム練習となる。

また、片方の相手にドライブ禁止、フォア面への返球禁止などの約束事（ごと）を作ることで、レベルの違う相手に対するハンディをつけることもできる。

限定マッチは楽しくできるので、いろいろなバリエーションでやってみよう。

[Basic Practice]

エレベーター

　複数人で行うゲーム練習で、まず並んだコートで上側と下側を決める。同時に試合を行い、勝った人は上側の隣のコートに移動し、負けた人は下側の隣のコートに移動（※一番上で勝った人、一番下で負けた人はそのまま）。これを何試合か繰り返す。時間がない場合は、11点マッチではなく、5点マッチ（先に5点取ったほうが勝ち）などのミニゲームで行うと良い。

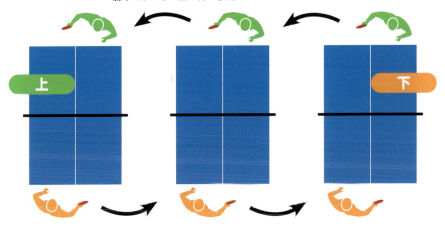

王様ゲーム

　3〜4人で行うゲーム練習で、まず参加メンバーの中から【王様】と【挑戦者】を決めて、2人で試合をする。王様が2点取ったら勝利で王様続行。その前に挑戦者が3点取ったら勝利で、王様と交代。次は3人目の選手が挑戦者となり王様と試合。これを繰り返していき、制限時間の中で最終的に王様だった人が優勝。

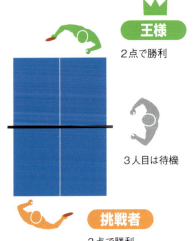

LESSON 5 ▶ 基本の練習法

練習スケジュール

2時間練習のスケジュール（一例）

 今日の時間割 (2時間)

① ストレッチ＆ランニング　10分

② サービス練習　10分

③ 基礎打ち　5分
（FH対FH ／ BH対BH　2分半ずつ）

④ フットワーク練習　10分
（フォア側半面2点フットワーク　お互いに5分ずつ）

⑤ 切り替え練習　10分
（両ハンドの切り替え【交互】対BH　お互いに5分ずつ）

⑥ 上回転オール　10分
（上回転のみで実戦形式のラリー）

※FH＝フォアハンド／FD＝フォアドライブ／BH＝バックハンド／SV＝サービス

[Basic Practice]

●2時間の練習をより効果的にするには？

部活動の練習の場合、1回の練習は2時間程度のところが多いだろう（休憩含む）。その2時間でどのような練習をすれば良いのだろうか。逆にどんなメニューを組んでしまうと効果が薄くなってしまうのだろうか。効果的な練習スケジュール（時間割）の作り方として、具体的な案を紹介する。

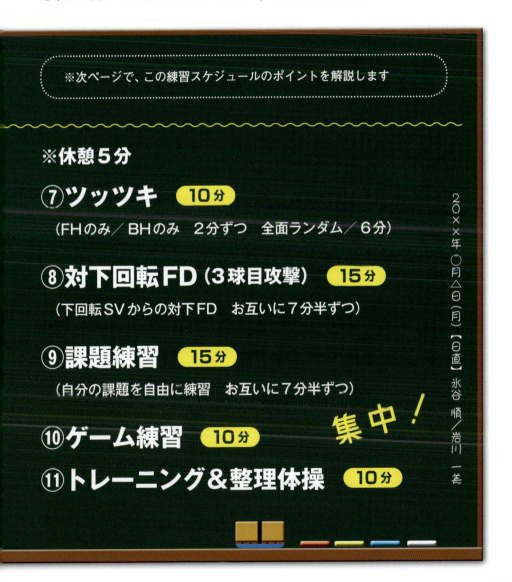

※次ページで、この練習スケジュールのポイントを解説します

※休憩5分
- ⑦ツッツキ　10分
  （FHのみ／BHのみ　2分ずつ　全面ランダム／6分）
- ⑧対下回転FD（3球目攻撃）　15分
  （下回転SVからの対下FD　お互いに7分半ずつ）
- ⑨課題練習　15分
  （自分の課題を自由に練習　お互いに7分半ずつ）
- ⑩ゲーム練習　10分
- ⑪トレーニング＆整理体操　10分

集中！

20××年〇月△日（月）【日直】氷谷順／岩川一美

LESSON 5 ▶ 基本の練習法
練習スケジュール

● バランスのとれた、試合につながる練習に

前ページで紹介した練習メニューの例を参考にしながら、効果的な練習にするためのポイントを学んでいこう。

まず大切なのは、全体のバランスだ。フォアハンドばかり、フットワーク練習ばかりといった偏りを作らず、試合で必要な様々なテクニックをバランス良く取り入れたい。

そして、初級者が注意したいのが基本練習ばかりにならないこと。フォア対フォアなどのコースが決まった練習だけではなく、フットワーク練習や切り替え練習などの応用練習、ランダム練習、3球目練習などの試合を想定した練習も必ず入れよう。同様に、ゲーム練習も行い、その日に練習した技術が実戦の中で使えるかどうかチェックする。

またサービスや下回転に対するドライブは、非常に重要だが練習量が不足しがちなテクニックなので、意識的に入れたい。ここでは、サービスの重要性を意識させるために、あえて一番最初にサービス練習を入れた。サービス練習では、返球させる人もつけて、レシーブ練習と兼ねてやることも可能。

練習前後のストレッチや整理体操はケガの予防のためにも欠かさずやるようにしたい。また短時間でも良いので、日々の練習にトレーニングを入れるのもオススメだ。

練習のポイント

1. 偏りのないバランスのとれた練習
2. 規則的な基本練習ばかりやらない
3. ゲーム練習で実戦力をチェック
4. サービス＆対下回転は必須
5. ストレッチなども忘れずに

[Basic Practice]

レベルや課題、環境に応じて工夫しよう

　p.168～169の練習スケジュールは、あくまで初級者向きの一例。レベル、選手の課題、チームの状況（人数、台の数、練習時間）に応じて、練習メニューは工夫していこう。

　今回のメニューには入れていないが、台上テクニック、ブロック、その他のフットワークなど、取り組むべき技術・練習はまだたくさんある。

　また大会前か、大会後かの時期によっても練習は変えていく。大会に近い期間は実戦的なメニューを多めにするべきだし、大会後は新たに見つかった課題や新しい技術の習得など、基本的な練習で技術力を高めていくのが軸となる。

工夫すれば1台で6人同時に練習が可能。様々なアイデアで練習の効果を上げていこう！

「試合でたくさん使う？」で考えよう

　自分の練習が、適切な練習になっているかどうかわからない場合は、次のように考えてみると良い。「この練習の技術は、試合でたくさん使うだろうか」と。

　たとえばフォアハンド対フォアハンドは、基本としては重要だが、試合の中でお互いがフォアハンドで同じコースに打ち合うことはありえないので、そういう意味では試合に直結する練習とは言えない。

　たとえばロビングは、試合で使うテクニックではあるが、1試合の中で何回も使うわけではない。時間がある時は練習しても良いが、それよりもサービスやレシーブ、ドライブなどの必ず使う技術をたくさん練習したほうが効率的と言えるだろう。

LESSON 5　▶ 基本の練習法

練習ノートをつけよう

●練習の目的をノートで確認！効果アップ！

　練習の効果を高め、より早く上達するためにオススメなのが、「練習ノート」をつけることだ。練習ノートとは、その日の練習の目的、行った練習メニュー、気づいた点、反省点などを書くノートで、それを書くことで、練習の効果がアップしていくのだ。

　一生懸命練習しているけど、なかなか上達しない人は、練習の内容や取り組む姿勢に問題があるかもしれないので、ノートをつけて、改善点を探してみると良いだろう。

　ノートをつけるうえでいくつかポイントがある。ひとつはその日の練習の目標や課題を前回の練習が終わった後に書いておき、それを練習前に見る。そうすることで、練習の目的が明確になり、より良い練習になる。

　また、気をつけたいのが悪い点ばかり書いてしまうやり方。それよりも、練習でうまくいった点や、練習の中で発見した良い方法など、ポジティブな内容を書くほうが大切だ。

　そして、締め切りを書いておくこと。たとえば、「○○大会まであと○日」とか「来月までにチキータを試合で使えるようにする」などだ。時間の目標があったほうが練習にも集中できるし、うまく習得できているかどうかのチェックにもつながっていく。

[Basic Practice]

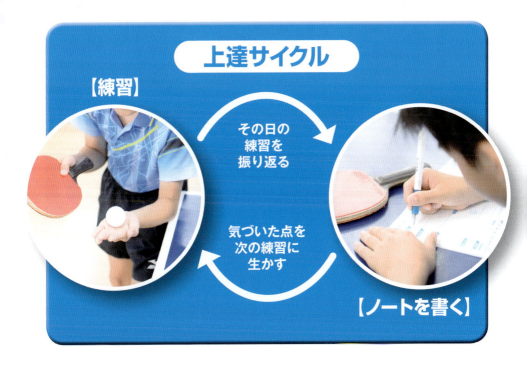

① 課題（目標）と練習内容を明確に
② 反省よりも良かった点に注目！
③ 締め切りを作ろう！

"上手な書き方が学べる"練習ノート

ノートに何をどう書いて良いのかわからない人にオススメなのが、『卓球 勝ちノート』（卓球王国から発売）。書く欄が項目別に分かれているので、効果的な書き方が学べる一冊になっている。
（詳しくは、卓球王国WEBで　http://world-tt.com/）

LESSON 5 ▶ 基本の練習法

トレーニングをしよう

●体を鍛(きた)えて、技術レベルをさらに高める！

トレーニングで筋力をつければ、打球の威力がアップしたり、大きく動いても崩れにくい体を作ることができる。

また、持久力をアップさせれば、練習で疲れにくくなるし、大会でたくさんの試合をする時も最後まで良いプレーができるようになるなど、様々なメリットがある。

より強くなりたい、試合で勝ちたい人は、しっかりとトレーニングをして強い体を作ろう。

トレーニングのメリット

① 打球の威力＆安定性UP

② ラリー中に体勢が崩れにくくなる

③ 持久力UPで連戦でも疲れない

トレーニングの種類

ランニング系

最も取り入れやすい基本のトレーニングが「ランニング」。長距離を走ることで持久力をつけたり、短距離を連続して走ることで瞬発力(しゅんぱつりょく)や心肺機能を高めることができる。ウォーミングアップとしても効果的なので、練習の始めに行うチームも多い。

[Basic Practice]

筋力トレーニング

　様々な方法がある筋力トレーニング。一般的なものだと、「腕立て伏せ」「腹筋」「背筋」「スクワット」などがよく行われ、さらに専門的になれば、道具を使ったトレーニングなどもある。
　あまりにきついトレーニングをやりすぎるとケガにもつながるので、注意しながら行おう。

筋力トレーニングのひとつで、ゴムチューブを使う「チューブトレーニング」を行っている、中国ナショナルチームの選手

体幹トレーニング

　近年広く行われるようになったトレーニングの一種で、「体幹」(胴体)を支える筋肉を鍛えるためのもの。取り組むことで、プレー中に体勢が崩れにくい(体の軸がぶれない)体を作ることができる。具体的なトレーニング法はインターネットや専門書などで調べてから取り組んでみよう。

LESSON 5 ▶ 基本の練習法

コラム

水分補給は忘れずに！

パフォーマンスアップのためにも欠かせないのが「水分補給」。練習中にも、『のどが渇（かわ）いたな』と感じる前に水分をとるようにしよう。

人間の体の60〜70％は水分でできている。それだけ水分が果たす役割は大きいのだ。運動することによって体の中の水分が失われ、不足すると、血がどろどろになって血液循環が悪くなったり、心肺機能が低下して運動の持続にも悪影響を与える。また、脱水症状により、熱中症などの病気を引き起こす原因にもなってしまう。それだけ、「水分補給」は重要な要素であることを認識しておこう。

「水分補給」の基礎知識として頭に入れておきたい要素を下記にまとめてみた。

①水分補給のタイミング…のどが渇いた時はすでに水分不足になっているので、のどが渇く前に補給することを心がけよう。

②飲む量…水分補給の基本は、汗などで失われる分だけ補給すること。しかも一度に大量にとるのではなく、100〜200mlを10〜15分おきに補給すると良い。

③水分の温度…できるだけスムーズに水分補給するには『少し冷たい』と感じるくらいの5〜15℃がオススメ。胃の通過がスムーズで腸に届く時間も短くなるのだ。

水分補給の3原則
① のどが渇く前に飲む
② 少量ずつをこまめに飲む
③ "少し冷たい" くらいが適温

LESSON 6

[Tactics]
戦術

卓球は「100m走をしながら、チェスをするようなスポーツ」とも言われる奥深い競技。頭を使ってプレーをするとはどういうこと？ 戦術の基本を学ぼう。

LESSON 6 ▶ 戦術

戦術とは？

●試合で勝つために頭を使ってプレーしよう

　試合で勝てる選手になるためには、しっかりと技術を身につけることが大切だが、もうひとつ欠かせないものがある。それが「戦術」だ。

　戦術とは、試合での"戦い方"のことで、たとえば「ドライブで攻めたいから、次は下回転サービスを出そう」、「相手はバックハンドが苦手だからバック側を徹底的に狙おう」、「相手の早いテンポについていけないから、少し台から距離をとってラリーをしよう」というように、状況に応じてベストなプレーを選択していくことを言う。

　戦術を考えてプレーできる選手は、試合で勝つことができるし、逆に戦術を考えずに、ただがむしゃらにプレーしている選手はなかなか試合で勝つことはできない。

　試合では常に戦術を考えて、頭を使ったプレーを身につけよう。

カードゲームでたとえるとわかりやすいだろう。どのカード（技術）を出すべきかを考えてプレーをすることが、卓球における戦術だ

[Tactics]

●どうすれば得意な技術を使う展開になる？

「戦術を考えろ」「頭を使え」と言われても、初級者の場合は何から取り組めば良いのかわからない場合も多いので、簡単なステップをレクチャーしよう。

まず最初は、自分の得意な技術を確認すること。「ドライブが得意」「下回転サービスがよく切れる」「ラリー戦は自信がある」など、人それぞれあるはず。得意な技術がわからない選手は、とりあえず一番好きな技術でもOKだ。

得意な技術がわかったら、次は「どうすれば試合の中で、得意な技術をたくさん使えるか、得意な技術でたくさん得点できるか」を考える。

得意な技術を引き出す方法はいろいろあるが、まず最初に考えたいのは「いかにしてサービスで得意を引き出すか」だ。つまり、サービス＆3球目攻撃で、自分の得意な状況をどうやって作り出すかを考える。これが戦術の最初のステップだ。

こんな感じで考えている！？

狙うは、オレの武器
3球目回り込みＦＤ（フォアドライブ）！

サービスは、相手の
バック側に下回転だ！
きっとバック側にツッツキが来るはず…

下回転が来たら
チキータだ！

相手はバックブロックが上手（うま）いから
3球目はミドルを狙おう

※フキダシのコメントはイメージです。
写真の選手とは関係ありません

LESSON 6 ▶ 戦術

戦術の基本はコース

●どこを狙えば有利になるかで考えよう

　卓球のプレーでは、ボールをコートのどこに打つかという「コース」、ボールの「スピード」、そして「回転量」、打球の「タイミング」など様々な要素があり、すべてが戦術に関わってくる。その中で、初級者がまず着目すべきはコースだ。つまり、どこを狙うと有利な展開になるかを考えることがポイントになる。

　たとえばサービスを出す時に、相手のフォア側とバック側のどちらに出したほうが3球目につなげやすいのか。長いサービスと短いサービスはどちらのほうが得点しやすいのか。同様にレシーブでも、相手のどこに返すと良いか、というようにコースを軸にして考える。

　またラリーの時はクロスに返球する選手が多いが、あえてストレートを狙ってみるのも良いだろう。相手が対応しづらいミドル狙いも、効果的なコース取りとしてよく知られている。

　相手をフォア側かバック側に寄せて、空いたスペースを狙うというのもコース戦術の基本中の基本なので、活用していきたい。

　このようにして「コース取りで相手を崩す」意識を常に持つようにすると、戦術の理解が早まり、より頭を使ったプレーが可能になっていくはずだ。

[Tactics]

相手の弱点を探る

●絶対にある初級者の"穴"を見つけ出せ！

　戦術に慣れてきたら、少しずつ相手のプレーを見ることにもチャレンジしていきたい。そこで注目したいのが「相手は何が得意で、何が苦手なのか」だ。

　苦手を探る時の具体的な方法として、次のような視点で相手を観察するのがオススメだ。

　「フォアとバックはどちらが得意か？」

　「上回転サービスと下回転サービス、どちらのほうがレシーブが上手か」

　「ショートサービスとロングサービスで苦手なのはどちらか」といった具合だ。

　そして相手の穴が見つかったら、徹底的にそこを狙うようにする。「苦手を突くのは、終盤の大事な時にとっておこう」という考えはNG。先手必勝が戦術の基本だからだ。

　この苦手を探るというのは、相手が中・上級者だと少々難しいが、初級者ならばそれほど難しくはない。必ずどこかにわかりやすい"穴"があるからだ。

　下記は初級者によく見られる弱点（穴）の代表だ。

①フォアよりもバックが弱い
②下回転、横回転に対応できない
③速いロングサービスが返せない

　つまり、初級者同士の試合ならば、下回転や横回転のサービス、もしくは速いサービスを相手のバック側に出すと勝ちやすくなる、というわけだ。何も考えずに、相手のフォア側にサービスを出している人は、この戦術を使ってみよう！

「技術・戦術・練習」をつなげよう！

　試合で勝てる選手になるには、しっかりと「戦術」を考え、それを「技術」と結び付けなければならない。自分はどんな技術を習得していて、だからどの戦術が可能になるのか。得点パターンを増やすために、今後はどんな技術が必要になるか、を考える。

　そして、技術と戦術を踏まえたうえで、どのような「練習」に取り組むべきかを考えるのだ。戦術のない技術練習では、上手にはなっても、強くはなれない。試合につながらない、いわゆる「練習のための練習」にならないように注意しよう。

LESSON 6 ▶ 戦術

長所を伸ばし長所で勝負！

戦術を考えるのが苦手な人は、自分の悪いところばかり注目してしまいがちだ。

「○○が入らない」「あそこに打たれるとミスする」など、ダメだったところを挙げて、練習ではそこを直そうと必死になる。その努力が実って、次の試合で勝てるようになれば良いのだが、なかなか改善できず同じ反省を繰り返す、というケースも少なくない。

勝利につながらないのは、失点ばかりに目が行って、どうやって得点したいかという【戦術】を考えていないから。得点のための【練習】ができていないからだ。

弱点の克服も大切だが、最初のうちは自分の長所を伸ばし、長所で得点を狙う気持ちが大切。その意識があれば、徐々に戦術も考えられるようになり、試合で勝てるようになるはずだ！

反省だけで、それを練習に生かせていないのでは？

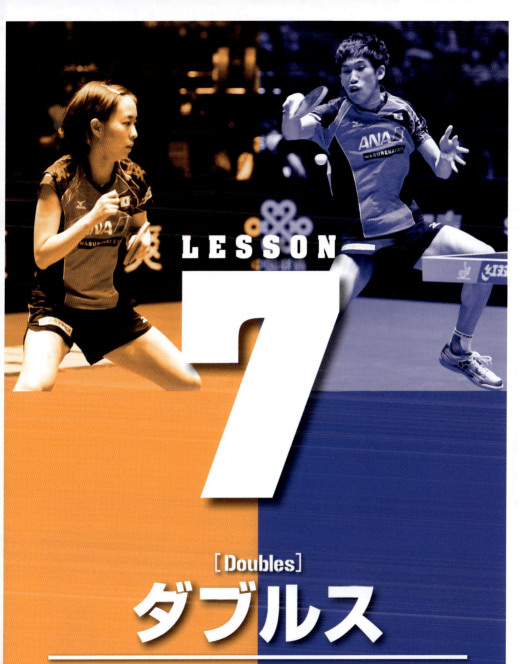

LESSON 7

[Doubles]
ダブルス

1対1で戦うシングルスに対し、2対2で戦うのがダブルス。シングルスとは違う難しさ、そしておもしろさがある種目だ。ダブルスのポイントを紹介する。

ダブルスの動き方

LESSON 7 ▶ ダブルス

●1+1が2以上にもなるダブルス

ダブルスでは、強い選手2人がペアを組めば、必ず強いペアになるとは限らない。パートナー同士の連係が重要なので、連係がうまくできなければ、強い選手同士のペアでも勝てないことがある。逆に連係が良ければ1+1が2以上にもなる。

「コンビネーション次第で強くなれる」。それこそがダブルスのおもしろさだろう。ダブルスもシングルスも、基本となる技術は同じだが、ここでは、ダブルスならではの動きや連係のポイントを紹介する。

●ダブルスはコース取りが命

ダブルスにおいて、コース取りはシングルス以上に重要と言える。

下写真のように、上級者は常に相手ペアをよく観察して、相手が打ちづらいコースを狙う。また、自分のパートナーが返球しやすいコースに来るよう、コース取りを工夫している。

もちろん初級者のうちは、ボールを入れるだけで精一杯。コース取りを工夫するのは難しいだろう。しかし、初心者のうちから、相手ペア、そして自分のパートナーの立ち位置を意識することを心がけよう。そして、ボールを強く打つより、正確にコントロールすること重視しよう。

A（水谷選手）は相手（B／鹿屋選手）を観察。「Bがフォア側（白丸）に来るのを待っている」と判断したAは、Bのバック側を狙ってドライブ（赤矢印）。

[Doubles]

●ぐるぐる回る、基本の動き（利き腕が同じペア）

交互に打球するダブルスでは、パートナー同士がぶつからないようにスムーズに動くことが、何より大切だ。

そこで基本となる動きが、ぐるぐる回るようなフットワークだ（下図）。

何より重要なのは、打球したらその場にとどまらないこと。打球直後に、パートナーの次の打球の邪魔にならないように、すばやく動こう。そして同時にパートナーは、すばやく打球位置に動くのだ。

図は右利きペアのフォアサイドでの打球の例で、右回りに動いている。バックサイドの打球では、左回りに動こう。打ったら「外側後方によける」のが基本だ。

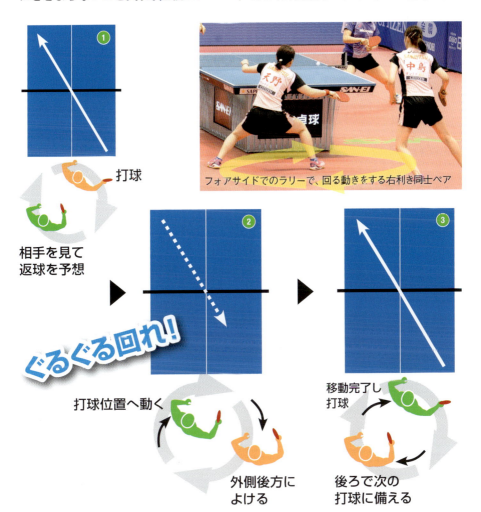

フォアサイドでのラリーで、回る動きをする右利き同士ペア

① 打球 / 相手を見て返球を予想
② 打球位置へ動く / 外側後方によける
③ 移動完了し打球 / 後ろで次の打球に備える

ぐるぐる回れ！

LESSON 7 ▶ ダブルス
ダブルスの動き方

●動きやすく有利な「左右ペア」

　右利き＋左利きのペアは、基本となる立ち位置が異なるので、ラリー中にポジションが重なりにくいという大きなメリットがある。前ページで紹介した「回る動き」をしなくても、右図のような小さい動きですむ場合が多い。

　実際、世界卓球や全日本選手権の上位ペアを見ると、左右ペアが多い。チームでダブルスを強化する場合は、左右ペアを作ると良いだろう。

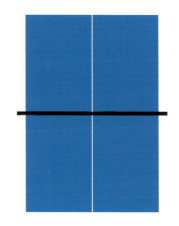

左利き選手

右利き選手

↓2017年世界卓球男子ダブルス準優勝の森薗政崇（手前）／大島祐哉ペア。左利き／右利きという組み合わせであると同時に、前陣／中陣とプレー領域も異なるため、スムーズなフットワークが可能なペアリングだ

[Doubles]

●短いのが基本。ダブルスのサービス

ダブルスのサービスは、右半面→右半面（対角線方向）とコースが限定されるため、シングルスほどサーバー側が有利ではなくなる。そのためダブルスでのサービスは、相手にレシーブで強打されないことを優先しよう。基本は短いサービスで、下回転を中心にナックルや横回転を使う。そして、たまに速いロングサービスを混ぜれば、相手に短いサービスだけに的を絞らせない効果がある。

●サービスを出したらすぐに下がる

初心者は、まずは下回転サービスを短くコントロールできることを優先して練習しよう。そして、サービスを出した直後に、パートナーが次に打ちやすいよう、後ろに下がることが重要だ。

①サービス

②レシーブ
前へ！
後ろへ！

③3球目

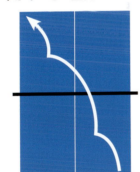

パートナーはサービスが出されたらすぐに前へ

サーバーは、サービスを出したらすぐに後ろへ

2バウンド目が台からギリギリ出ない長さが理想

ダブルス練習

●フットワークを鍛える"2本2本"練習

　ここではダブルスでの練習法を、いくつか紹介する。まず最も重要なのがフットワーク練習だ。

　前ページで紹介した基本の動きを身につけるのが目的で、フォアサイドとバックサイドに2球ずつ来るボールを、それぞれフォアハンド、バックハンドで打つというもの。打球後に外側後方によけ、回るような動きを体で覚えよう。

　このメニューは最初は多球練習で行うとやりやすいが、相手がひとり（シングルス）でやっても良い。慣れてきたらダブルス対ダブルスで行おう。

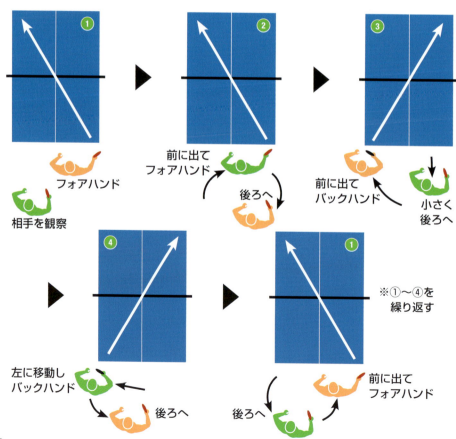

●レシーブからの4球目攻撃練習

ダブルスで使われるレシーブとして、まずはツッツキ、ストップ、フリック、チキータなど、ひととおりの技術を練習しよう。そして次の段階として、「4球目攻撃」にも挑戦してみよう。

短い下回転系サービスが多く使われるダブルスでは、レシーブでツッツキやストップを使うことが多くなる。

ここでは、「ツッツキレシーブ→4球目攻撃」「ストップレシーブ→4球目攻撃」という2パターンの練習法を紹介する。少しレベルが高いメニューだが、基礎技術ができるようになったら挑戦しよう。

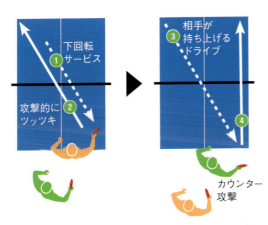

ツッツキRV→4球目攻撃

短い下回転サービスに対し、相手のフォア側にツッツキレシーブ。その際、単に入れるだけでなく、攻撃的なツッツキを狙おう。高い打球点をとらえ、相手コート深くに突き刺さるように、速く切れたツッツキを送る。すると相手は3球目で、持ち上げるようなループドライブをしてくることが多いので、それを狙い打つ。コンパクトに振り抜くと良い。

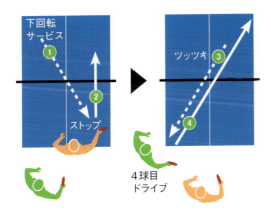

ストップRV→4球目攻撃

ダブルスでのストップレシーブでは、相手（右利き）のバック前に返すことが多い。それに対し、相手は3球目でバッククロスにツッツキしてくることが多いので、4球目でそれをドライブ攻撃しよう。フォアハンドで回り込んでも、バックドライブしても、どちらでもOK。

ストップは、相手の3球目攻撃を防ぐのが主な目的だが、4球目攻撃につなぐ意識を持つことも大切。

LESSON 7 ▶ ダブルス

コラム ★★★

"サイン"で3球目攻撃を狙え!

ダブルスでは、サービスを持った側のペアが、サインを出す場合がある。サービスを出す選手と3球目を打つ選手が異なるため、あらかじめどのようなサービスを出すか、確認しておいたほうが3球目を打ちやすいからだ。サインは、サービスを出す前に、相手ペアから見えない台の下で出す。下写真がサインの一例だが、パートナー同士で話し合って、わかりやすいサインを予め決めておこう。

サインを出すのは、サービスを出す側、3球目を打つ側、どちらでも構わないが、3球目を打つ側が出したほうが、3球目攻撃がスムーズにできるだろう。

サインは、レシーブ側のペアが出す場合もある。主にどのコースを狙ってレシーブするかを示すが、実際は相手のサービスによって臨機応変にレシーブする必要があるので、サインどおりにいかないことも多い。

いずれにせよ、実際にパートナー同士で話し合って試行錯誤し、やりやすいサインの出し方を決めておくと良いだろう。

●サービスのサインの例

ナックル 短い

下回転 短い

ナックル 長い

下回転 長い

小指が短い、人差し指が長い。伸ばすとナックル(無回転)系、曲げると下回転系。横回転など必要に応じてアレンジしよう

LESSON 8

[Competition]

大会に出よう

初心者にとって、大会は遠い存在に感じるだろう。しかしこれから大会に出場する機会は多いはず。大会に出場＆観戦するためのお役立ち情報を紹介しよう。

LESSON 8 ▶大会に出よう

様々な大会

●オリンピックから地域のオープン大会まで

　卓球の大会には、規模やレベルの異なる様々なものがある。

　その中でも頂点と言えるのが、「世界選手権大会」(世界卓球または世界選手権)、そして「オリンピック卓球競技」(五輪)だろう。世界各国(協会)を代表するトップ選手が全力で臨み、目標とする大会だ。世間での注目度も高く、大会期間中の報道も加熱する。

　国際大会では、他にも年間10数大会開かれる「ワールドツアー」や、「アジア選手権」「ヨーロッパ選手権」などの大会がある。

　そして国内大会の最高峰が「全日本選手権大会」。世界中で、「全日本」ほど選手が命がけで臨み、盛り上がる国内選手権はないと言われる熱い大会だ。

　国内には多くの大会があり、「全日本社会人」「全日本団体」「全日本クラブ」など、各カテゴリーの"全日本"が毎年行われている。また中高生の全国大会として「全国中学校大会(全中)」、「全国高校選手権大会(インターハイ)」などがある。

　それらの全国大会には、各地域の予選会を通過した選手が出場できる。たとえば全中では、地区予選、都道府県予選、地方予選という段階を経て出場となる。

　それら以外にも、区市町村内のローカル大会は、それこそ無数にある。その地区の在住者のみが参加できる大会は「クローズド大会」、誰でも参加できるのは「オープン大会」と呼ばれる。

　国際大会、全国大会はもちろんトップレベルだが、地域の大会には初・中級者向けの大会も多い。様々なレベル、カテゴリーの大会があるのだ。

全国中学校卓球大会(全中)の様子。写真は個人戦(シングルス)

[Competition]

●団体戦と個人戦

大会は、団体戦と個人戦に分けられる。
団体戦はチームの主力がエントリーすることが多いが、1チーム内で複数のチームを組んで参加する場合もある。団体戦には様々な試合形式があり、大会ごとに異なっているが、代表的な試合形式を下で紹介している。
一方、「個人戦」にはシングルスとダブルスがあり、ダブルスは男子、女子、混合に分けられる。

世界卓球 個人戦

←世界卓球 個人戦は奇数年に開催されている。男女シングルス、男女ダブルス、混合ダブルスの5種目が行われる

世界卓球 団体戦

→世界卓球団体戦は偶数年に開催。男女団体の2種目が行われる。かつては世界卓球は団体戦と個人戦が同時開催で、2年おきに開催されていたが、2001年大阪大会を最後に、その後は団体・個人が分離開催となっている

団体戦の試合形式

4単1複 (4〜6人)

●オーダーの組み方の一例

1番	2番	3番	4番	5番
A	C	AB	B	D

●間違ったオーダーの組み方

1番	2番	3番	4番	5番
A	B	AB	C	D

4シングルス(単)1ダブルス(複)の3点先取制。1チーム4〜6人で戦う。ダブルスは3番に入り、1・2番の選手同士ではペアを組めないのが一般的

世界卓球方式

	1番	2番	3番	4番	5番
ABCチーム	A	B	C	A	B
XYZチーム	X	Y	Z	Y	X

3選手による5単、3点先取制。試合前のオーダー交換時に、ABC方式、XYZ方式のどちらかを選ぶ

4単1複 (五輪形式)

	1番	2番	3番	4番	5番
ABCチーム	A	B	BC	A	C
XYZチーム	Y	X	YZ	X	Z

3選手による4単1複、3点先取制。2人が単複1試合に、1人が単2試合に出場

LESSON 8 ▶ 大会に出よう
様々な大会

●2つの方式、「トーナメント戦」と「リーグ戦」

試合方式には、「トーナメント戦」と「リーグ戦」という2つがある。

参加者数が多い場合はトーナメント戦、少ない場合はリーグ戦で行われる場合が多い。中には、「3者によるリーグ戦の勝者が、決勝トーナメント戦に進出する」というように、2つの方式を組み合わせて行われる大会もある。

トーナメント戦

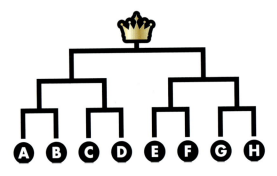

トーナメント戦は、勝ち抜きで優勝者を決める方式。勝てば1回戦ずつ上の回に進み、負けたらその時点で試合終了。「ノックアウト方式」とも言う。

少ない試合数で優勝者が決まる方式だが、参加選手の半数が1回の試合で除かれていくため、全員の順位はつけられないという特徴がある。

リーグ戦

	A	B	C	D	E	F	勝/負	順位
A		×	×	×	×	×	0/5	6
B	○		○	×	○	○	4/1	2
C	○	×		×	×	×	1/4	5
D	○	○	○		○	○	5/0	1
E	○	×	○	×		×	2/3	4
F	○	×	○	×	○		3/2	3

個人戦では3人（組）、団体戦では3チーム以上の総当たりの結果で順位を決める方式。同じ勝敗数となった場合、その当事者間の結果を抜き出して、順位を決める。

トーナメント戦より公平な順位がつけられるが、グループ内の人数が増えると試合数が急増するという特徴がある。

[Competition]

マナーを守って紳士な選手に！

卓球では試合中や観戦中にいくつかのマナーがある。

試合では、開始前と終了後に選手同士、そして審判員と握手する。対戦相手と、試合を判定する審判員への敬意を表すのだ。

また、試合中はルールを守るのは当然として、それ以外にもマナーを守りたい。相手や観客を不快にさせる行為、たとえばミスをした時に台を蹴る、相手を挑発するような言動をとるようなことは慎もう。相手のミスに対して「ナイスボール！」と言うのも、品性を疑われる行為だ。

ラッキーな得点をした時は軽く手を挙げるのが一般的

卓球は数あるスポーツの中でも紳士のスポーツと言われる。たとえば相手のボールが自分のコートのエッジをかすめた時に、自分から「入った」と言って失点を認める選手も多い。逆に、エッジやネットインなどで得点した時は、「すみません」という意味を込めて軽くフリーハンドを挙げることが一般的だ。ぜひ、"紳士"な卓球選手になろう。

観戦、応援で注意したいのは、ラリー中は静かにするということ。選手がサービスの構えに入ったら、声援や拍手はストップさせる。そして得点が決まった時、特にファインプレーがあった時は、惜しみない声援と拍手で、選手を盛り上げよう。

←団体戦では、ベンチのメンバーで選手を応援する

LESSON 8 ▶大会に出よう

試合の流れ

●大会時の試合開始までの流れ

卓球ビギナーにとっては、大会がどのように行われるか、なかなか想像がつきにくいだろう。大会によって進行の仕方は様々だが、およそ以下のような流れだ。

当たり前のことだが、一番大切なのは、自分が出場する試合に遅れないこと。試合開始時刻にコートにいないと、失格負けになってしまうのだ。開始時刻がわかりにくい個人戦は、特にしっかりチェックしておく必要がある。

また、ウォーミングアップは空き時間に行おう。開会式前に練習が許可される大会もあるので、そこで短時間でもボールを打っておくと良いだろう。

試合前後には握手!

試合開始までの流れ
※大会によって多少異なります

トーナメント確認
大会プログラムで自分がトーナメントのどこにいるかを確認。開会式での試合進行の注意などもよく聞こう

➡ 台と試合時刻を確認
トーナメントには試合番号が振ってあり、タイムテーブルでその番号をチェックすることで、台の番号と試合開始時刻を確認できる。これは超重要だ!

➡ 試合開始に遅れない
試合開始の場内コールがある場合、絶対に聞き逃さないように。コールがない大会も多く、開始予定時刻の前に、自分が試合をする台の進行状況を確認しよう

➡ 試合開始!
自分の実力を出し切ろう!

➡ 試合後は握手、次の試合へ
試合後は相手選手と握手。勝った場合は次の試合の準備を。負けた場合は「敗者審判」(右ページ参照)を行うことが多いので、その台に残り、次の試合の審判をする

[Competition]

主審　副審

「全中」の団体戦（学校対抗）。6選手が出場し、「4シングルス（単）＋1ダブルス（複）」の5試合中、3試合を取ったチームが勝ち

●試合に欠かせない"審判員"

　卓球に限らず、スポーツの試合で選手以外になくてはならない存在が審判員だ。世界選手権や全日本選手権など、大きな大会の場合、資格を持った「公認審判員」が、ひとつの試合（台）ごとに2名つく（主審と副審）。

　しかし地域の大会では、なかなか専任の審判員が審判をできない。そこで出場選手が審判員を務め、1台につき1名の審判員で行う場合も多い。

　団体戦の場合、双方のチームから1試合ごとに交互に審判員を出して試合を行う（相互審判）。

　そして個人戦では、試合の敗者が、次に同じコートで行われる試合の審判を務めるのが通例で、「敗者審判」または「負け審判」などと呼ばれる。

　誰でも、相互審判や敗者審判を務める機会があるので、日頃から練習試合などで審判の練習をしておくと良いだろう。

●試合の流れ

　試合が始まってから終了するまでの流れは、次のようになる。

　まずは選手と審判員が挨拶、握手。審判員が選手の氏名を確認し、用具と服装をチェックする。そして選手が、互いの用具を見せ合って、相手の用具を確認。試合で使用するボールを選んでから、ジャンケン（またはトス）をして、勝ったほうがサービス・レシーブ・エンドのいずれかを選ぶ。その後、2分以内の練習を行ってから、いよいよ試合開始となる。

　試合終了後は、再び挨拶と握手。最初から最後まで、スポーツマンシップにのっとって試合をしよう。

LESSON 8 ▶大会に出よう
大会に向けた準備

●大会に必要なものは、前日にしっかり準備

　大会に向けて、何を準備すれば良いか、そして大会当日の試合前の準備などを紹介しよう。

　まず、大会に必要なものを、右にまとめてみた。基本的に普段の練習で使うものだが、忘れ物がないか、前日にしっかり荷物を確認しよう。

　シャツとショーツは、日本卓球ルールでは「JTTA公認マーク」がついたものを着用する必要がある。しかし地域の大会では、運動に適した服装であれば公認品以外も認められる大会もある。事前に確認しておこう。ソックスやシューズは、動きやすいものなら何でもOKだ。

> **必要なものリスト**
>
> **絶対必要！**
> ラケット／シャツ／ショーツ（短パン）／シューズ／ソックス／ゼッケン
>
> **必要に応じて持って行くもの**
> ラケットケース／タオル／飲み物／軽食（おにぎり、バナナなど）／寒い時期はジャージなどはおれるもの／ボール

ラケット

ゼッケン
名前と所属を記入した布。大会によっては指定されたゼッケンを使用する必要がある

シャツ

ショーツ

ソックス

シューズ

→張本智和選手

●万全の体調で試合に臨もう！

　モノではないが、大会に向けて大切な準備が体調管理だ。

　これは大会直前に限らず、ふだんから睡眠をしっかり取り、栄養を考えた食事を心がけておこう。一流のスポーツ選手は、練習だけでなく体調管理にも非常に気を遣っているものだ。

　特に試合前日の晩や当日朝は、食事では消化の良いものを食べたい。揚げ物など、脂っこいものは控えめにしたい。

　また、試合当日は、特に夏場はこまめな水分補給を忘れずに。一気にゴクゴク飲むと胃にたまるだけなので、少しずつ飲むのがおすすめだ（p.176参照）。昼食としては、おにぎりやバナナなどで糖質を補給しよう。食べ過ぎは禁物だ！

　これらの点に気をつけて、万全の体調で試合に臨もう。

●試合での緊張をほぐすには

　大会の何日も前から緊張してしまうという人も多いだろう。でも心配無用だ。世界トップクラスの選手でも、大会では緊張するという。「緊張するのが当たり前」と考えよう。

　また、試合では普段の練習以上のことはできない。「いつもより良いプレーをしなきゃ……」ではなく、「今の自分ができることだけをやればOK」という気持ちで臨んだほうが、結果的に良い試合ができるはずだ。

　試合直前に緊張を少しでもほぐすには、古典的な方法だがゆっくりと行う深呼吸が一番。また、体の一部にグッと力を入れてから脱力する「筋弛緩法」が有効だ。そして試合前にウォーミングアップしておくことで、試合開始直後から動けるし、リラックスもできる。

オープン大会を探そう！

　学校の卓球部の場合、出場する大会は決まっている場合が多いが、それ以外にも大会に出たい場合は、地域のオープン大会を探そう。月刊誌『卓球王国』の「大会カレンダー」ページや、卓球王国WEBにも情報がある。また、近くの卓球専門店に大会情報を聞くのもひとつの方法だ。積極的に大会を探して、実戦経験を積もう！

卓球王国WEBの「卓球マップ」ページでオープン大会をチェックできる

卓球"未経験"顧問への お役立ちアドバイス!

いきなり卓球部の顧問に!? 何から始めれば良い??

　中学・高校の先生の中には、「卓球の経験がないのに、卓球部の顧問になってしまった」という人もいるかもしれない。右も左もわからない中で、部活動を運営し、部員の生徒たちを引っぱっていくのは、なかなか大変なことだろう。

　そんな未経験顧問の先生をサポートするため、情報集めの方法や、練習時の注意点などをアドバイスする。参考にして、指導に役立てていただきたい。

●まずはインターネット、本やDVDを活用!

　情報集めといえば、まずはインターネットになるだろう。「卓球」で検索すれば、様々なウェブサイトが見つかるはず。オススメは、卓球界最大の情報サイト『卓球王国WEB』。「初心者」ページもあるので、基本知識はそこで学ぶと良い。

　すでにその目的で本書を手にしている人もいるだろうが、本や雑誌も情報集めとしては最適だ。技術を解説した本や練習法を紹介する本など様々なので、内容やレベルに合わせて購読してみよう。

　また卓球のDVDもたくさんあって、観て学べるという点では非常にわかりやすい。練習の中で、生徒と一緒に観るのも勉強になるだろう(オススメの書籍・DVDは、p.205〜207で紹介)。

卓球界のあらゆる
情報がここに集まる!
【卓球王国WEB】
http://world-tt.com/

●経験者の助っ人を見つけよう！

インターネットや本、DVDなどでの情報集めも良いが、一番オススメなのは、経験者の知り合いを作って相談することだ。他校の卓球部の顧問や、卓球専門店のスタッフなど、早めに知り合いを作っておくとかなり助かるはずだ。

地元で練習しているチームを探して、そこに足を運んでみたり、地域の卓球協会・連盟に連絡をして、協力をお願いするのも良い。

そのようなコネクションを作っておくと、後々にプラスになっていくので積極的に行動していきたい。

●まずは「多球練習の球出し」を覚えるべし！

指導をしていくうえで、先生自身も卓球ができるようになればベストだが、練習時間も限られるので実際にはなかなか難しい。

そこで、指導するために最低限覚えておくと良いのが、多球練習の球出しだ（p.158～159）。

最初は難しく感じるかもしれないが、慣れてくれば早い段階で上手に出せるようになる。これができれば、生徒の指導、練習法の幅が広がってくる。

また多球練習は生徒同士でも出せるようにすると、チーム全体で効率的な練習ができるようになる。

球出しを覚えよう！

顧問も1年生も球出しをできるのが理想

▶ 卓球 "未経験" 顧問へのお役立ちアドバイス

●新入生の用具購入はあせらずに！

未経験顧問のよくあるミスとして、新入生におまかせでラケット・ラバーを買わせてしまうことがある。もちろん新入生も何を買えば良いのかわからないし、そもそも専門店があることも知らない場合もあり、量販店でホビー用のラケットを買ってしまうなんてことも。

そうならないように、ラケット・ラバーも購入はあせらず、知識を得てから進めるようにしたい。だいたい4月末〜5月上旬くらいに、卓球専門店で用具を購入するのが一般的だ。どんな用具を選べば良いかは、プロである専門店のスタッフにお任せでOKだ。

ユニフォームやシューズなども同様で、4月の段階で慌てて用意する必要はない。まずは手持ちの屋内用シューズや運動のできる服装で十分練習できるからだ。ユニフォームは、チームで揃えて買うのが基本。新入生の場合は、夏前くらい（初大会の前）に用意すれば良いだろう。

●ボールの管理はキッチリと！

卓球部の部費は、ボール代に使われることが多い。練習で使うボールは大量に必要なうえ、割れたり踏んだりして使えなくなっていく消耗品だからだ。比較的安価な練習球でも1球100円前後と決して安いものではないので、大事に使うよう生徒には指導しよう。

また試合で使う公認球（3スターボール／300円前後）も、いくつかは部で持っておきたい。普通の練習の時は練習球、ゲーム練習の時は公認球と使い分けるケースが多い。

ボールの保管場所がずさんなために、一般の生徒が持っていってなくなるというケースも少なくないようだ。体育倉庫や部室などでしっかりと管理しよう。

ボールは貴重品です！

へこんだボールをお湯につけて再生し、多球練習で再利用するなど工夫をしている部もある

●台の準備、練習中の接触に注意しよう

　顧問として部活を見る時、生徒のケガにだけは細心の注意を払いたい。

　まず卓球部で気をつけるのが、台の準備と片付け。特に慣れていない、新入生の場合は台のたたみ方を間違えて、倒してしまうこともあるので注意しよう。一体型の台の場合は、絶対に2人で出すように指導するべき。そして、できれば台の準備と片付けの時は、生徒任せにせず、見守るようにしたい。

　また、ラケットが他の人や壁に当たってケガをすることもあるので、練習中はそういったことにも目を配りながら、指導していきたい。

限られたスペースに多くの部員がいる場合、特にケガには注意を払いたい

全部を自分で決めなくても大丈夫
生徒と一緒に学び、強くなろう！

　顧問になったからといって、すべてを自分で決めて、指示しようとしなくても大丈夫だ。自分自身も初心者なのだから、生徒と一緒に学ぶ気持ちで指導すれば良い。むしろ一方的な指導ではなく、生徒が自分で考え、意見を言える空気を作ったほうが、チームの雰囲気も良くなるし、実際に強くなっていくもの。

　未経験でもチームを強くした先生はたくさんいるし、未経験だからこそのメリットもきっとあるはずだ。

　スポーツは何より楽しくやるのが大事。先生自身も楽しみながら、生徒たちとの"卓球ライフ"を満喫してほしい。

生徒がアイデアを出せる環境を作ることが大切だ

あとがき

ハマればハマるほど卓球は面白くなる！

　世の中にはたくさんのスポーツがありますが、その中でも卓球は本当に魅力的なスポーツだと思います。

　まず第一に、誰もが楽しめて、老若男女が平等にプレーできるという点。小学生でもお年寄りでもビックリするくらい強い選手はたくさんいますし、世代を超えて競い合えるのは、卓球ならではです。

　また、卓球はいろいろな戦い方ができるので、必ずしも運動神経の良い人が勝つわけではありません。たとえ足が遅くても、手先が器用だったり、頭を使って相手の弱点を突くのがうまければ勝つことができます。運動が得意な人はもちろん、そうでない人でも勝つ喜びを味わえるスポーツだと言えます。

　最近は、テレビで卓球の試合を観る機会も増えており、「観ても面白いスポーツ」と言われるようになっています。確かに、男子選手のダイナミックなドライブの打ち合い、女子選手の高速ラリーの見応えは相当なものです。

　そして、忘れてはいけないのが「用具」の面白さです。本書は入門書なので基本中の基本しか紹介できていませんが、用具の世界はもっともっと奥深いものです。裏ソフトラバーの中には、「高弾性」「テンション系」などの細かいカテゴリーがあり、さらに「スピン系テンション」「スピード系テンション」に分かれますし、ラケットも表面の木材がどうだ、使っている特殊素材は何だ、と語り尽くせないほどネタがあります。卓球界には「用具マニア」と呼ばれる愛好者もたくさんおり、ここまで用具が語られるスポーツも珍しいと言えるでしょう。

　以上のように、様々な魅力に満ちあふれているのが卓球というスポーツです。

　今はまだ、初々しい「卓球1年生」のアナタですが、卓球の世界を深く知るうちに、もっと卓球の虜になり、抜け出せなくなっていくかもしれません。

　本書が、初級者の方々の手助けになるだけでなく、卓球という魅惑のスポーツにアナタがのめり込んでしまうきっかけになることを祈っています。

■卓球王国 編集部

▶ 卓球王国の書籍　［好評発売中］

知識を身につけるために書籍を活用しよう！

● 脱・初級を目指すなら、コレ！

卓球3ステップレッスン
大橋宏朗・著

ISBN978-4-901638-39-5
¥1,500＋税

早く、楽しく上達できる上達法が満載。ひとつの技術を3段階に分けて説明。

- A5判
- オールカラー 224ページ
- 主な内容
  ・卓球の基本
  ・感覚練習
  ・フォアハンドテクニック
  ・バックハンドテクニック
  ・切り替え＆ラリー　・サービス
  ・台上技術＆レシーブ　・フットワーク

卓球3ステップレッスン2
大橋宏朗・著

ISBN978-4-901638-45-6
¥1,300＋税

初心者でもうまくなるカット、粒高、ダブルスの上達メソッドを紹介。

- A5判
- オールカラー 160ページ
- 主な内容
  ・カット
  ・粒高プレー
  ・ダブルス
  ・強くなる練習の考え方

● 練習メニューの参考にするなら、コレ！

卓球 練習革命
偉関晴光・監修

ISBN978-4-901638-46-3
¥1,500＋税

図版、写真を多数使い、見やすくてわかりやすく編集。どのページから開いてもすぐに始められるのが特徴。
※DVDあり（別売り）

- A5判
- オールカラー 224ページ
- 主な内容
  ・合理的な練習の［原則］
  ・［初期設定］が命だ
  ・［サービス］を斬る！
  ・［台上］を制して勝つ！
  ・自由自在の［フットワーク］
  ・［ドライブ］を鍛える！
  ・［ランダム］で必勝宣言

● 勝つための戦術を学ぶなら、コレ！

敗者を勝者に変える 卓球戦術ノート
高島規郎・著

ISBN978-4-901638-53-1
¥1,700＋税

- 四六判　● 304ページ

高島規郎氏による卓球理論の集大成。敗戦を勝利に変えるヒントがこの一冊にある。

続 卓球戦術ノート
高島規郎・著

ISBN978-4-901638-36-4
¥1,500＋税

- 四六判　● 312ページ

「戦型別攻略法」や「打法の賢い使い方」など、次の試合から生かせる、生きた戦術を満載。

▶ 卓球王国のDVD

強くなるために、DVDを活用しよう！

● 練習メニューの参考にするなら、コレ！

卓球 練習革命
（前編）（後編） DVD

前編 D-064　¥3,500+税
後編 D-065　¥4,000+税

●前編約50分、後編約60分 ●監修／偉関晴光 ●モデル／松下海輝・有延大夢・天野優、他 ※書籍もあり

最強の多球練習 DVD

D-076　¥4,000+税

●約75分 ●監修／張本宇
●モデル／及川瑞基・張本智和

初級者用メニューから張本智和選手が行っている上級メニューまで多数収録。

How To マシン練習 DVD

D-073　¥3,000+税

●約30分 ●監修／渡辺貴史
「卓球マシンでどんな練習をしたら良いのかわからない…」そんな悩みを解決する1枚。マシンを使った基本練習からアイデアあふれる練習まで。

レッスンプロがキミを強くする！ DVD

D-074　¥3,000+税

●約60分 ●監修／TACTIVE
「回転がかからない」「下回転が出せない」などの初級者のお悩みをプロコーチがアドバイス。ぶきっちょでも上達できる練習法を紹介。

● 必須技術を学ぶなら、コレ！

神のサービス DVD

D-058　¥4,000+税

●約80分 ●監修・モデル／仲村錦治郎
元五輪代表の仲村氏が、現役時代に世界のトップ選手を驚かせた『神のサービス』を自ら実演し、解説。

神のレシーブ DVD

D-072　¥3,500+税

●約60分 ●監修・モデル／仲村錦治郎
大ヒット作『神のサービス』に続く、仲村氏監修の第2弾。独自のレシーブ論をわかりやすく動画で解説。

● 勝つための技術と戦術を学ぶなら、コレ！

高島式 勝利への戦術＆技術
（前編）戦術編　DVD

D-068　¥4,500+税

●約60分 ●監修／高島規郎 ●モデル／下山隆敬・小野竜也・笠原弘光、他
多彩な戦術に対応するためのシステム練習、サービス・レシーブからの展開の強化。

高島式 勝利への戦術＆技術
（後編）技術編　DVD

D-069　¥4,000+税

●約50分 ●監修／高島規郎 ●モデル／上田仁・加藤由行・松澤茉里奈・森薗美咲、他
技術の質を高める、台上技術の強化、近代打法など。

[好評発売中]

● 技術を習得するなら、コレ！

進化するチキータ DVD
D-067　¥3,500＋税

● 約50分 ● 監修・モデル／上田仁・大島祐哉・森薗政崇

日本のトップ3選手が、現代卓球では欠かせない技術・チキータの極意を伝授。

出せる！YG DVD
D-070　¥3,500＋税

● 約40分 ● 監修／坂本竜介 ● モデル／平野友樹

YGサービス習得法から実戦で使える様々なテクニックまで。特典映像としてペンホルダーのYGも収録。

● 戦型別テクニックを習得するなら、コレ！

塩野真人のカット VS. 軽部隆介のカット打ち DVD
D-081　¥4,000＋税

● 約60分 ● モデル・解説／塩野真人・軽部隆介

最強のカットマンと無敵のカットキラーが互いの技術と戦術をぶつけ合う。カットとカット攻略の両方を紹介。

海津富美代 ペン粒高攻守の極意 DVD
D-086　¥3,500＋税

● 約75分 ● 解説・モデル／海津富美代

2度の五輪出場を果たした、ペン粒高ブロック主戦型のレジェンド。その極意が今、本人の実演と解説で蘇る。

粒高完全マスター〈前編〉〈後編〉DVD
前編 D-048　¥2,857＋税
後編 D-049　¥4,762＋税

● 前編約50分、後編約120分 ● 監修・モデル／新井卓将

多彩で華麗な「新世代の粒高異質プレー」を提唱。様々な技術を2アングルで紹介。

鬼のペンドラ〈吉田海偉の卓球〉DVD
D-061　¥4,000＋税

● 約90分 ● 解説・モデル／吉田海偉

ペンホルダードライブ型のカリスマ・吉田海偉選手が基本打法から切り替え、台上技術などを解説。

卓球王国から発売の書籍・DVDの購入方法

全国の卓球専門店、スポーツショップ、書店などでお求めください。ただし、DVDは書店では販売しておりません。お店にない場合は、卓球王国に直接お問い合わせのうえ、ご注文ください。卓球王国WEBでも取り扱っております。

問い合わせ先 **03・5365・1771** （販売担当まで）

卓球王国WEB **https://world-tt.com** （本＆DVDコーナー）

卓球 ビギナーズバイブル

2017年7月21日 初版発行
2020年4月30日 第2刷発行

発行者　今野　昇
発行所　　株式会社卓球王国
　　　　〒151-0072　東京都渋谷区幡ヶ谷1-1-1
　　　　電話　03-5365-1771
　　　　http://world-tt.com
印刷所　シナノ書籍印刷株式会社

定価はカバーに表示してあります。乱丁本、落丁本は小社営業部にお送りください。
送料小社負担にて、お取り替え致します。
本書の内容の一部、あるいは全部を複製複写（コピー）することは、著作権および出版権の
侵害になりますので、その場合はあらかじめ小社あてに許諾を求めてください。

Ⓒ Takkyu Oukoku　2017 Printed in Japan　ISBN978-4-901638-50-0